Teatro

© Marcos Fernández Alonso, 2024
© AAT para esta edición
Edita: Autoras y Autores de Teatro
Diseño y maquetación: Isaac Juncos
Imagen de cubiertas: IJdesign

ISBN: 978-84-96837-50-8
Depósito legal: M-20609-2024

Impreso en España / Printed in Spain

La AAT realiza sus actividades con la ayuda de:

LA BRECHA

Marcos Fernández Alonso

ÍNDICE

ACTA DE LA REUNIÓN DEL JURADO DEL XII CERTAMEN JESÚS CAMPOS PARA TEXTOS TEATRALES

La Asociación de Autoras y Autores de Teatro ha convocado el XII Certamen Jesús Campos para Textos Teatrales dirigido a los asociados y asociadas de la AAT con el objetivo de estimular la creación teatral.

Se presentaron bajo plica un total de 66 textos originales y el jurado estuvo formado por David Montero (autor y ganador de la anterior edición de este Certamen), Antonia Bueno (autora), Sebastián Moreno (autor), Conchita Piña (editora), Susana Sánchez (autora), Ignacio del Moral (autor) y Eugenia Kléber (autora).

Este Jurado decidió otorgar el premio de este año a: La brecha de Marcos Fernández Alonso.

Valoró de manera unánime la actualidad del texto, tanto en su trama como en los temas que, al hilo de una anécdota en principio trivial, van saliendo a la luz. También destacó la viveza del diálogo y el agudo y prismático tratamiento de los conflictos y los personajes.

El jurado quiere dejar constancia de la dificultad que supuso decantarse por una sola obra entre tantas de gran interés.

El premio está dotado con la cantidad de tres mil euros (a los que se aplicarán las retenciones correspondientes) y con la publicación en soporte papel y digital a cargo de la AAT.

Madrid, 21 de marzo de 2024

PRÓLOGO

No es de extrañar que la obra *La brecha* de Marcos Fernández Alonso (Lugo, 1974) haya sido galardonada con el Premio Jesús Campos de la Asociación de Autoras y Autores de teatro de 2024. La pieza que aquí tenemos el honor de presentar —mil gracias, Marcos, por tu generosa y gentil propuesta— pone de manifiesto la maestría del autor a la hora de reflejar con tan sólo cuatro personajes —y dos más *in absentia*, sin diálogo real— uno de los derroteros de la sociedad actual, mucho más preocupada por la forma que por el fondo, por la circunstancia que por la esencia: el individualismo y —consiguiente y paradójicamente— la soledad del individuo. ¿Dónde quedan la amistad, la sinceridad, la confianza ciega en el otro, el compañerismo, la solidaridad, la profesionalidad...? No sé si hago *spoiler*.

Álvaro, un estudiante de bachillerato, es acusado por parte de Raúl, su profesor de Literatura —*alter ego* de Marcos Fernández—, de haber dado el cambiazo en uno de sus exámenes, lo que le ha acarreado un suspenso. Abierta la contienda, a lo largo de las páginas de la obra desfilarán los sentimientos, opiniones, juicios de valor y pareceres de los otros personajes del drama: Eva y Carlos, padres de Álvaro y amigos íntimos de Raúl, y Marta, también amiga

11

de Raúl, pero, sobre todo, directora del centro de enseñanza. ¿De parte de qué contendiente se posicionará cada uno de ellos? Pasen y lean...

Leamos y entreveamos, leamos entre líneas también, a los referidos personajes *in absentia*, convidados de piedra que no aparecen en escena; de ellos solo sabemos por lo que cuentan los demás, por lo que aporta cada uno para construir sus personalidades, para componer el puzle que nos permita hacernos una idea de quiénes y cómo son, un recurso que tiene un deje del fragmentarismo del que hacía gala Virginia Woolf en su narrativa.

En unos tiempos en los que lo fácil habría sido escribir un drama sobre el acoso que sufren algunos estudiantes en el ámbito escolar, Marcos Fernández contempla la realidad desde otro punto de vista. Nuestro autor sigue haciendo gala de lo que podríamos llamar «teatro prisma», aquel que presenta la escena desde múltiples perspectivas, desde diferentes enfoques, pues cada personaje tiene su particular versión de los hechos, su propia verdad. ¿A quién creer, entonces? La tragedia se masca. Se masca la tragedia... Porque en cada uno de ellos late el debate que suscita la dicotomía entre lo que realmente es y lo que en verdad representa para el otro. Álvaro es alumno e hijo, Marta es amiga de Raúl y ejerce de directora, Raúl es profesor de Álvaro, por un lado, y amigo de los demás personajes, por otro, pero también subalterno de Marta. Carlos y Eva son padres de Álvaro, así como amigos de Raúl. Por su parte, Eva es mucho más amiga de Raúl que Carlos, lo que provocará también ciertas disensiones en la pareja... Todo este intrincado cúmulo de vínculos y dualidades sacará a la luz la verdadera personalidad de cada uno.

En *La brecha*, el lector encontrará uno de los inconfundibles sellos de la dramaturgia de Marcos Fernández: el del lenguaje que atrapa a los propios personajes. Como en la mayoría de sus producciones, estos son prisioneros de sus palabras. Son esclavos de sus propios diálogos, de sus conversaciones; palabras huecas que Fernández Alonso se encarga de dotar de significado. La genialidad de devolverles a los personajes el eco de sus frases les hará ver lo absurdo de la realidad, la suma oquedad de un discurso que no conduce a nada y que dichos personajes (Marta, Carlos, Eva), como individuos integrantes de una sociedad regida por una serie de normas establecidas, se empeñan en llevar a sus últimas consecuencias. Y es que, como bien dice Raúl, «parecen haberse roto los canales de comunicación». Primera brecha.

Sin embargo, la brecha se produce en muchos más contextos. ¿Hablamos de brecha generacional? No, quizá eso no proceda ni aquí ni ahora. Refirámonos mejor a la brecha que separa a la persona de la sociedad en la que vive, la que existe entre el individuo y el sistema, entre el uno y el todo... Encontraremos también una brecha —o cuando menos un desgarro ético— entre la creciente y actual obsesión colectiva por la transparencia y la tradicional consideración del criterio individual del profesor. La opinión de un docente (que ha estudiado mucho, como el propio Raúl reconoce) ya no es suficiente, se pone en duda, en tela de juicio. Todos se creen con derecho a cuestionarla... Hallaremos, por ende, entre otras, una brecha social, una brecha en la forma de entender la amistad, una brecha profesional... Todas. Pero, sobre todo, una brecha en la misma interioridad e integridad de la persona, una brecha en la autoconfianza y en los propios sentimientos, una brecha en nuestro más íntimo yo, pues, puestos a no creer en la sociedad, ya no creemos ni en nosotros mismos. La brecha que se ha abierto entre la persona y la colectividad es insalvable. Eso no es ya una brecha, es un descalabro.

Marcos Fernández continúa haciendo gala de esa literariedad que imprime a sus acotaciones, pero en esta obra va más allá y, en un sesudo tour de force, nos ofrece un desdoblamiento del personaje en otro que tiene función de narrador (y acotador) y que se dirige al público —en nuestro caso, al lector— en una suerte de monólogo interior exteriorizado en alguna que otra ocasión. Por si fuera poco, nosotros —lectores o espectadores— seremos a la vez tanto público, testigos de lo que está sucediendo en escena, como alumnos, personajes presentes de forma colectiva en la obra. Así, Marcos Fernández (Raúl) conversará con nosotros, lo que, irremediablemente, podrá provocar más de una respuesta. Su teatro es un teatro abierto, un teatro que invita a la reflexión.

Las escenas de La brecha van fluyendo con diálogos que se aceleran, suben el tono, se enredan en una espiral de despropósitos y acaban acrecentando la tensión, la presión, la angustia de los particulares microdramas de cada personaje. Microclímax. Todo ello ayudará a que se desencadene la maquinaria y estalle el verdadero drama, que desarmará tan solo a un personaje y lo dejará absolutamente indefenso, sin ninguna ayuda porque —¡lo que hay que oír!— «ha decidido despeñarse». Y también descalabrarse de nuevo desde lo alto del precipicio. Porque Fernández Alonso, buen conocedor de la tragedia griega, lleva a sus personajes al borde del precipicio y, en ese salto que les hace dar, asiste, cual dios del Olimpo, a la particular —y dantesca— bajada a los infiernos del héroe, antes ensalzado y ahora vapuleado y venido a menos; un héroe que, resignado, acepta su sino y la injusticia con él cometida. Viniendo como viene del mundo de la abogacía, de las leyes, el autor no puede reprimir hablar de lo que está bien y lo que está mal, de lo justo y lo injusto, de las injusticias de la así llamada «justicia». Aun así, nos presentará los hechos de la manera más aséptica posible para que el lector (espectador) decida si hay justicia o no, si a los personajes implicados se los ha tratado con equidad, y para que ese lector espectador empatice con quien tenga que empatizar. Y eso que lo que aquí se ve es sólo la punta del iceberg; la masa de hielo subyacente es mucho mayor: Raúl es el abanderado del colectivo docente; Marta representa la autoridad, la burocracia, el sistema, el cumplimiento del deber; Eva y Carlos, a todos los padres; y Álvaro, a cada uno de los alumnos.

Al igual que ocurría con *Un peral entra por la ventana*, otra de sus obras, nos topamos aquí con un debate social y político, pero sobre todo con un debate personal: el de hacer frente a los embates del sistema y salvar la dignidad para sobrevivir o el de sucumbir ante un modelo mecánico, vacío, burocrático y protocolario. Lejos queda la ternura que desprendían los protagonistas de *Dime que todo está bien*. En esta ocasión, tanto el autor como los personajes se nos presentan mucho más maduros. Ahora Fernández Alonso no se queda en la anécdota y va más allá, trasciende el teatro con un acercamiento a la realidad menos literaria, a la verdad más cruda, esta vez exenta del humor al que nos tenía acostumbrados. O casi. Porque Marcos Fernández lleva el humor (ese particular humor gallego no siempre tan universal ni tan comprensible para todos) en las venas. Y aunque ha hecho un enorme esfuerzo por no acercarse a la comedia —ahora es un autor «serio»—, quienes creemos conocer su obra no dejamos de atisbar ese deseo (¿contenido?) de darle a la escena —una escena dramática en más de una ocasión— un ligero toque de humor, con cerveza y tartar incluidos. En las próximas páginas descubriremos a un Marcos Fernández más maduro, más asertivo y tajante, aunque, como hemos dicho, menos desbocado en su humor, con personajes contenidos y menos disparatados que los de *Papá y el resto*, por ejemplo, por mucho que algunos diálogos sigan rayando en el absurdo, otros de los particulares marchamos de su teatro, del que queremos seguir disfrutando en el futuro.

Pero como Marcos Fernández Alonso es un pesimista optimista que no se fía de sus sensaciones y al que hay que animar a continuar, lo alentamos desde estas páginas a que nos siga deleitando en el futuro con su teatro que, sin duda, nos traerá grandes satisfacciones. En su dramaturgia, una nueva etapa acaba de despegar y todo está ya listo para comenzar: ¡Arriba el telón!

Juan José Ortega Román

A Vito, por ayudarme a rematar el texto y por tanto más.

A María hermosa.

PERSONAJES

RAÚL

CARLOS

EVA

MARTA

Escena I

RAÚL
   (A público.) Visto con el tiempo, creo que nos suicidamos. En el momento parecía otra cosa, parecía que solo intentábamos superar los problemas, salir a flote, pero en realidad nos estábamos suicidando.

   Casa de EVA *y* CARLOS.

CARLOS
   Pero ¿qué hace?

EVA
   Se ha encerrado.

RAÚL
   (Desde dentro.) Me he encerrado.

CARLOS
   ¡Raúl, sal del baño!

RAÚL
   ¡No quiero!

CARLOS
   ¿Qué le pasa?

EVA
   ¿Qué le va a pasar?

CARLOS
   No sé, por eso lo pregunto.

EVA
   ¡Conmigo no te enfades!

RAÚL
   ¡Me cago en todos!

EVA
   (A CARLOS.*)* ¿En quién se caga?

RAÚL
   ¡En todos!

CARLOS
   En los los que creemos en los individuos, creo.

RAÚL
   ¡En toda la clase media, por imbécil!

EVA
   Le ha sentado mal el tartar.

CARLOS
   A mí me gusta el tartar.

EVA
   Os empeñáis en el tartar.

RAÚL
   ¡El tartar estaba perfectamente!

EVA
Raúl, deja de hacer el loco y sal del baño.

RAÚL
¡No!

EVA
¿Necesitas ayuda?

RAÚL
¡Una guillotina es lo que necesito!

EVA
No sabe beber.

CARLOS
No conozco a nadie que sepa beber.

EVA
Yo sé.

CARLOS
Tú no bebes.

EVA
¿Cómo que no?

CARLOS
Tú no bebes, Eva, no bebes. Bebe Raúl. Raúl bebe. Tú no bebes.

EVA
He tomado media botella de vino.

CARLOS
Eso no es beber.

Eva

Sois insoportables.

Carlos

¿Yo soy insoportable?

Raúl

(Saliendo del baño con botella de vino a medio consumir en una mano y copa vacía en la otra.) Cuando todos os hicisteis ricos, cuando todos os comprasteis un piso, cuando todos os ibais a hacer submarinismo al Mar Rojo, yo ganaba la misma miseria que gano ahora. ¡La misma miseria! Para colmo, cuando todo se torció, ¡os salvamos el culo!

Carlos

¿Quién nos salvó el culo?

Raúl

¡Nosotros! ¡Los de los servicios públicos! ¡Los parásitos! ¡Los que os intubamos y os vacunamos!

Carlos

Pero si tú eres profesor.

Eva

¡Carlos!

Carlos

¿No es profesor?

Raúl

¡Los parásitos os salvamos la vida!

Carlos

Porque es lo que hay.

Raúl
(A Eva.) Tienes un marido tonto.

Eva
Me aburrís muchísimo los dos…,

Raúl
Es tonto, siempre lo ha sido, no entiendo por qué te casaste con él estando yo allí al lado, no me cabe en la cabeza.

Eva
… el uno y el otro, me aburrís completamente.

Raúl
(A Carlos.) Bueno, mira, ha sido capaz de admitir que los servicios públicos nos salvaron la vida, ya me doy por contento.

Carlos
Solo faltaba que después de esquilmarnos a impuestos, además nos dejasen morir. Una cosa buena de este sistema es que no te dejan morir porque entonces quién iba a pagar impuestos. A la vaca hay que salvarla.

Raúl
La vaca.

Carlos
Para ordeñarla a gusto.

Raúl
No puedo con él.

Eva
Pues déjalo.

RAÚL

Me gustaría ver cómo te alquilan los pisos la horda de pobres sin servicios públicos.

CARLOS

A lo mejor son pobres porque con este sistema les impedimos que salgan de su agujero.

RAÚL

¿Lo impide? ¿Tú dónde estudiaste, Raúl? ¿En qué instituto nos conocimos?

CARLOS

En uno asqueroso.

RAÚL

(A EVA.) ¿A ti te parecía asqueroso nuestro instituto?

EVA

No pienso discutir con borrachos.

RAÚL

(Dulcifica el tono.) Sin discutir: ¿a ti te parecía malo nuestro instituto? (Cambia a CARLOS y vuelve al ladrido.) ¡El instituto público que nos permitió estudiar lo que nos dio la gana cuando nuestros padres no tenían donde caerse muertos!

CARLOS

A mí no me permitió nada.

RAÚL

¿Ah, no?

CARLOS

¿Qué me permitió?

Raúl
¡Eva, por favor!

Eva
(Mientras bebe su copa de vino.) Os escucho atentísima.

Carlos
No me permitió nada, me lo impidió. A mí y a un montón de gente a la que el sistema abandonó por el camino.

Eva
(Coge el plato con restos de tartar.) A tomar por culo el tartar. *(Se lleva el plato a la cocina para echar los restos a la basura.)*

Carlos
¡El tartar, no!

Eva
Esto nos pasa por pedir comida idiota.

Raúl
¡Quién le ha lavado el cerebro a este tío!

Carlos
El cerebro lo tienes lavado tú, Raúl. El que se conforma con una vida indigna eres tú.

Raúl
Indigna…

Carlos
Todo lleno de obstáculos para crecer, hablando en nombre de los pobres y al mismo tiempo haciéndoles la vida imposible, condenando a familias enteras a la indignidad…

RAÚL
¡A la indignidad!

CARLOS
… a conformarse con vidas miserables porque está mal visto prosperar.

RAÚL
Muy mal visto.

CARLOS
Sí, Raúl, muy mal visto. La burocracia, los impuestos y los mil obstáculos para que no te salgas de la vida pobre que te ha asignado.

RAÚL
¿Cuánto ganas con los pisos?

EVA
Raúl, ya vale.

CARLOS
Pues te voy a decir algo: no gano lo que debería porque a los autónomos nos esquilman.

RAÚL
¡Por supuesto!

CARLOS
¡Por supuesto, sí, por supuesto!

RAÚL
El gran robo.

CARLOS
El gran robo, el robo de la hostia.

RAÚL
¿Lo declaras todo? Serías el primer autónomo del país. Quizá eres el héroe impositivo y no lo sabes.

CARLOS
Si declaro todo, dejo de trabajar.

RAÚL
¡Cómo no!

CARLOS
Cierro el negocio en la primera liquidación de impuestos.

RAÚL
¡Sin duda! ¿Cuanto ganas, Carlos? Enfréntate a la pregunta de una vez. ¿Cuánto ganas con los pisos?

CARLOS
Si gano más es porque trabajo más.

RAÚL
Qué feo, Carlos.

CARLOS
¿Tú trabajas más que yo?

RAÚL
Esta forma de discutir...

CARLOS
Estamos discutiendo exactamente igual. ¿O estoy hablando solo?

RAÚL
Yo estudié. Durante muchos años. Y estudié mucho. ¿Tú que hiciste para vender pisos?

29

CARLOS
Qué elitismo, qué gilipollas eres.

RAÚL
Muy gilipollas.

EVA
La conversación ya no tiene gracia, paradla.

CARLOS
¡Siempre hablando desde las alturas!

EVA
Carlos, para ya.

RAÚL
No lleves por ahí la conversación porque vamos a acabar
mal, Carlos.

CARLOS
¡Y luego decís que sois la voz de las clases populares!

RAÚL
No lo lleves por ahí.

CARLOS
Desde luego que no. ¡Desde los dieciocho trabajando sin
parar y vienes a decirme qué tengo que pensar sobre mi
vida!

RAÚL
Carlos, nos conocemos. Vamos a respetarnos.

CARLOS
Empieza tú.

EVA

Sois un coñazo los dos. Y es la última vez que se come tartar en esta casa.

ESCENA II

RAÚL

(A público.) Al día siguiente Eva y yo quedamos para un café y yo intento disculparme, pero no lo logro. Ella me dice...

EVA

Yo no lo veo así.

RAÚL

(A público.) Yo le digo que no admitimos la verdad.

EVA

Sí que la admitimos.

RAÚL

(A público.) Me gusta mucho hablar con Eva, cualquier tema me vale. Este también. *(A* EVA.*)* No admitimos la verdad, Eva, no la admitimos. ¿Qué significa que dejó los estudios contra su voluntad?

EVA

Tú esto lo sabes, Raúl.

RAÚL

¿Qué sé?

EVA

Que no pudo hacer Selectividad.

Raúl

¡Porque suspendió!

Eva

Aguado le suspendió.

Raúl

Un profesor estupendo.

Eva

Para ti, sí, claro, Raúl. Y para mí.

Raúl

El sistema público le dio una oportunidad.

Eva

Carlos cree que no.

Raúl

¿No nos dio la oportunidad?

Eva

Él cree que no. Le suspendieron, no tuvo oportunidades. Carlos lo siente así y así ha formado su opinión. ¿Qué podemos hacer con las opiniones, Raúl?

Raúl

No sé. Moderarlas.

Eva

¿Tú las has moderado?

Raúl

De jóvenes no decíamos esas cosas, no pensábamos esas cosas.

EVA
Acabas de decirme que hay que moderar las opiniones.

RAÚL
Exacto.

EVA
Y te pones así.

RAÚL
¿Así cómo?

EVA
Agresivo, Raúl.

RAÚL
No me pongo agresivo.

EVA
Me hablas con agresividad, yo me siento atacada.

RAÚL
Perdona.

EVA
¿Solo hay que moderar cierto tipo de opiniones? ¿O las moderamos todas mejor?

RAÚL
Perdona. Me estoy volviendo loco.

EVA
Raúl, esta es una discusión de borrachos. Álvaro está en la pública.

RAÚL
Ya.

EVA
Hemos mandado a nuestro hijo a tu instituto.

RAÚL
Ya.

EVA
Porque sí creemos en la educación pública.

RAÚL
Y porque queríais que le diese clase.

EVA
Queríamos que le diese clase.

RAÚL
Porque soy un profe muy guay.

EVA
El más guay. No hay profe más guay, el más guay de los guais.

RAÚL
A quién se le ocurre...

EVA
Está encantado. Tú sabes que está contento.

RAÚL
Ya...

EVA
Tus clases le encantan. Y a nosotros también.

RAÚL
Tenéis un chaval estupendo.

EVA
Su padre tiene una opinión sobre las cosas, la gente tiene
opiniones sobre lo que está bien y lo que está mal. ¿Cuál
es el problema? Cree que es mejor la iniciativa privada.
¿Cuál es el problema?

RAÚL
Perdona, Eva.

EVA
Lleváis toda la vida igual.

RAÚL
Ya.

EVA
Toda la vida. Competís.

RAÚL
Yo no quiero competir.

EVA
Pero lo haces.

RAÚL
Porque me veo en la situación.

EVA
¿Atado?

RAÚL
¿Cómo?

EVA

¿Te ves atado, no puedes salir de la situación? ¿Carlos te obliga a discutir? ¿Te obligo yo? ¿Estás obligado a competir?

Silencio. RAÚL *cede a la sonrisa.*

RAÚL

¿Cómo podéis ser liberales?

EVA

No somos liberales.

RAÚL

Te pones fea cuando te pones liberal.

EVA

No te has visto cuando asciendes al cielo de la izquierda pura.

RAÚL

Pongo ojitos.

EVA

Sí, del Greco.

RAÚL

Ja. ¿Voy de puro?

EVA

Eres muy pesado.

Silencio.

RAÚL

Siento la discusión.

Eva

No tienes por qué disculparte. Basta con que paremos de una vez.

Raúl

Con que pare yo.

Eva

Con que se pare.

Raúl

Bebí mucho.

Eva

Voy a prohibiros el tartar. Os empeñáis en el tartar, no hay comida más idiota.

Raúl

Lo siento.

Eva

Está bien.

Raúl

Le mandaré un whastsapp de disculpa.

Eva

Él es muy orgulloso, no creo que te mande nada.

Raúl

Me daré por contestado.

Eva

Sabes que te adora. Es de idiotas enfadarse por política.

RAÚL

Yo soy muy idiota.

EVA

Sí, conviene que cambies.

Sonríen.

RAÚL

¿Qué tal estáis Carlos y tú?

EVA

Bien.

RAÚL

Se os ve mejor.

EVA

Sí, estamos mejor. Carlos es un hombre estupendo.

RAÚL

Un hombre.

EVA

Raúl, por favor…

RAÚL

¡Estoy de broma!

EVA

Sí, es un hombre. No un tío ni un tipo. Es un hombre.

RAÚL

Ya.

EVA
Me gusta que sea así.

RAÚL
Ya.

Pausa.

EVA
¿Cuál es el problema?

RAÚL
¡Pero si no he dicho nada!

EVA
Esa mirada…

RAÚL
¡No he dicho nada!

EVA
Puro, puro, puro...

ESCENA III

RAÚL
(A público.) Llevo quince años dando clase. Enseño Lengua Castellana y Literatura. O algo que se le parece. No tengo una vocación muy definida, pero me hago con los alumnos y mis clases gustan. Sin embargo, ya no sé para qué mundo enseño, empiezo a no entenderlo. Tengo cuarena y ocho años, el mundo ha sido conquistado por formas de pensamiento que no comprendo bien. Cada

día me cuesta más engarzar lo que imparto con lo que veo, con la realidad. *(Pausa.)* Quiero creer que la literatura consigue transmitir su legado incluso cuando el mensajero no es consciente. Confío en su poder y en la infinita capacidad de su mensaje. Aunque yo no sepa ya cuál es. Esta mañana entro en el despacho de Marta, la directora de mi instituto. No me gustan los despachos.

Despacho de MARTA.

MARTA
Me pillas muy ocupada en este momento.

RAÚL
(Todavía a público.) Me hacen sentir incómodo, fuera de lugar. *(A* MARTA.*)* Es un minuto.

MARTA
Estamos con las fechas de evaluación.

RAÚL
Es un minuto nada más.

MARTA
Las tenemos que publicar ya.

RAÚL
Es importante, es sobre un examen…

MARTA
¿Qué ha ocurrido?

RAÚL
¿En tus clases Álvaro dice algo?

MARTA
  ¿Qué Álvaro?

RAÚL
  Álvaro Santisteban, de segundo de Bachillerato. ¿En tus clases dice algo?

MARTA
  No sé qué me estás preguntando, Raúl.

RAÚL
  ¿Opina?

MARTA
  Claro que opina.

RAÚL
  Sobre economía.

MARTA
  Le doy economía, opina sobre economía, claro, sí.

RAÚL
  ¿Qué opina?

MARTA
  ¿Qué quieres saber?

RAÚL
  Le oí hablar mal de los impuestos.

MARTA
  Todos los chavales hablan mal de los impuestos. En Internet se habla mal de los impuestos.

RAÚL
   Me agota Internet…

MARTA
   Porque es fascismo.

RAÚL
   (Ya conoce ese argumento.) Marta…

MARTA
   Los youtubers son fachas.

RAÚL
   No todos.

MARTA
   Y les encanta hablar de impuestos.

RAÚL
   Algunos para defenderlos.

MARTA
   Los guapos, no. Solo defienden los impuestos los youtubers feos. *(RAÚL ríe el chiste.)* Si lo que me estás preguntando es si Álvaro cree en la conveniencia de los impuestos, la respuesta es no. Si lo que me preguntas en realidad es si Álvaro solo objeta respecto a los impuestos o es un facha en general, no te puedo responder. Para mí lo son todos los chicos de su edad. *(RAÚL vuelve a reír la provocación.)* Pero el mundo ha cambiado.

RAÚL
   Y tanto.

MARTA
   Así que lo probable es que esté yo equivocada. Estoy de broma, Álvaro es un chico estupendo.

RAÚL
Solo me sorprende el discurso sobre los impuestos porque justamente él está en la educación pública. Todos ellos están en la pública. ¿Cómo creen que se les paga a sus profesores?

MARTA
Explícaselo tú.

RAÚL
Se lo explico.

MARTA
¿Y te funciona?

RAÚL
No.

MARTA
Pues tú eres el profe popular, imagínate a las profesoras impopulares.

RAÚL
En esa clase muchos chicos están con ese discurso...

MARTA
Todo el mundo está con ese discurso.

RAÚL
Es cierto.

MARTA
Repiten lo que oyen.

RAÚL
No de nosotros, nosotros no hablamos así de esos asuntos.

MARTA

Bueno, casi ninguno. *(RAÚL ríe.)* Ese asunto es una batalla perdida. Ahí no tenemos influencia sobre los alumnos.

RAÚL

La cuestión es que Álvaro cree en la responsabilidad individual. ¿Has hablado con él? Tiene un discurso coherente y elaborado sobre la libertad y la responsabilidad. Le molesta que le traten como si fuese un niño. Le molesta que le vigilen.

MARTA

A todos los chicos de dieciséis años les molesta que los vigilen.

RAÚL

También a su padre. Su padre también se siente muy vigilado y muy poco libre.

MARTA

¿Los conoces?

RAÚL

Le molestan las normas, la falta de libertad…

MARTA

¿Conoces al padre?

RAÚL

Al padre y a la madre, somos amigos de la infancia. Muy amigos, de hecho. El padre es muy beligerante con el asunto de la libertad, la iniciativa individual…, esas cosas.

MARTA

Y ha pasado algo con el chico.

Raúl
Ha copiado el examen.

Marta
¿Álvaro?

Raúl
Sí, un cambiazo. Tenía el tema escrito. Un cambiazo.

Marta
Vaya.

Raúl
Sí. De un chico que aborrece la vigilancia.

Marta
Yo creo que Álvaro no ha copiado en mis exámenes.

Raúl
Mira.

      Raúl *le pasa a* Marta *el examen.*

Marta
¿Esto está copiado?

Raúl
¿No lo notas?

Marta
No puedo saberlo, Raúl...

Raúl
... Es obvio...

MARTA
... No sé bien cuál es el nivel.

RAÚL
Está copiado.

MARTA
Bueno. Tienes que ponerle un cero.

RAÚL
Sí.

MARTA
Ponle un cero y una amonestación. Eso es lo que tienes que hacer.

RAÚL
Le tengo que poner un cero.

MARTA
Exacto. Y una amonestación. Ahí encima tienes los partes.

RAÚL
Le pondré un cero entonces.

MARTA
Hazlo. Explícaselo bien a los padres, lo van a entender.

RAÚL
Seguro que sí.

MARTA
Es difícil dar clase al hijo de amigos.

RAÚL
Es bastante difícil. *(Pausa.)* La amonestación no se la voy a poner.

MARTA
Cuando copian hay que amonestar, Raúl.

RAÚL
No se la voy a poner. Lo dejo en un cero. Llega con eso.
¿Te parece? *(Silencio.)* Un cero es bastante. *(Silencio.)* No
te parece bien…

MARTA
De acuerdo, lo solucionamos así.

RAÚL
Gracias.

MARTA
¿Tienes clase?

RAÚL
No, tengo hueco ahora.

MARTA
Vamos a tomar una cerveza, ya acabaré esto, no puedo
más.

RAÚL
Son las doce y cuarto.

MARTA
Pues tomamos dos. *(Coge unas llaves, el monedero…)*

RAÚL
¿Te vas a tomar dos cervezas?

MARTA
Dos tilas. Y después dos cervezas. *(Busca su chaqueta y su*

47

bolso mientras RAÚL *la observa.)* No os vuelvo a favorecer en las evaluaciones jamás, no hay trabajador más desagradecido que los profesores. ¿Dónde he dejado las llaves? *(Las encuentra bajo un montón de papeles esparcidos en la mesa.)* Vamos.

RAÚL
¿Por qué razón te hiciste profesora?

MARTA
¿Qué?

RAÚL
¿Por qué razón te hiciste tú profesora?

MARTA
Me hice directora porque estaba harta de ser profesora.

RAÚL
(Ríe.) Aclarado.

MARTA
¿Y tú?

RAÚL
Yo necesito cervezas.

ESCENA IV

Casa de EVA *y* CARLOS.

EVA
Lo vas a tener que hacer.

CARLOS
No.

EVA
(A público.) Intento negociar con Carlos. No es fácil negociar con él, siempre llega a pactos por la vía de los hechos, pero no del discurso. Acaba cediendo, pero no en una conversación. Lo hace después, cuando las palabras ya no son cuchillas, cuando se siente seguro. Esto lo sé, pero lo olvido con frecuencia. *(A* CARLOS.*)* No es la primera vez que le oyes opinar.

CARLOS
A estas alturas de siglo me va a hablar de las bondades del socialismo.

EVA
No habló de socialismo.

CARLOS
¿Qué han hecho por nosotros los servicios públicos? ¿Qué hizo por mí la educación pública?

EVA
Lo que puede hacer cualquier educación.

CARLOS
Ni siquiera pude presentarme a Selectividad.

EVA
Porque suspendiste, Carlos.

CARLOS
Me suspendieron. Me suspendió Aguado.

Eva
No solo te suspendió Aguado.

Carlos
Me obligaban a repetir curso por una asignatura.

Eva
No era una.

Carlos
Era una, Eva, Inglés.

Eva
Suspendiste Inglés y Filosofía.

Carlos
(Reaccionando a Filosofía.) Filosofía, tócate las narices...

Eva
Eran dos.

Carlos
En Filosofía me hubiesen aprobado si solo me quedase una. Suspendí dos porque Aguado no quiso ayudarme. Y yo no podía repetir.

Eva
Las cosas son así.

Carlos
Pueden ser de otro modo en cuanto valoras con un poco de inteligencia el daño que puedes hacer obligando a repetir a un alumno.

Eva
Los profesores nunca saben eso. El daño que provocan. O el que no provocan. No lo pueden saber.

CARLOS
Claro que sí, fui al departamento. Yo le expliqué que no podría repetir de ningún modo. Se lo expliqué personalmente.

EVA
¿Cómo iba a saber si era cierto?

CARLOS
Claro que lo sabía.

EVA
Tratabais fatal a Aguado.

CARLOS
Tres años lo tuve de profesor. Tres.

EVA
Seguro que a él tampoco le gustaron mucho.

CARLOS
Espero que no.

Pausa.

EVA
Raúl es tu amigo.

CARLOS
Y tuyo.

EVA
Nuestro amigo. Es un tío increíble.

CARLOS
Ya.

EVA
Álvaro lo adora.

CARLOS
Es su profesor.

EVA
Tú no adorabas a tus profesores. No todos los profesores son adorables, Aguado no era adorable. Raúl sí lo es.

CARLOS
Bueno...

EVA
¿No lo es? ¿No lo adoran en el instituto?

CARLOS
No sé qué dirá en clase.

EVA
¿Qué va a decir?

CARLOS
No lo sé. Lo que opine en clase. Álvaro dice que opina.

EVA
Claro que opina, no es un cactus.

CARLOS
Pues eso.

EVA
¿Y qué? ¿Qué crees que dice?

CARLOS
No lo sé. Lo que piensa de los autónomos me molesta.

EVA
No piensa nada de los autónomos.

CARLOS
Como mínimo piensa que todos defraudamos a Hacienda.

EVA
Carlos, por favor…

CARLOS
¿No lo dijo así?

EVA
Estás sacándolo de contexto. *(Suena un mensaje en el móvil de* EVA. *Lo ojea.)* Es tu hijo.

CARLOS
Si lo pongo en contexto todavía es peor. Nos llamó estafadores porque, al ser vagos e ignorantes, solo podemos hacernos ricos mediante engaño. Ese es el contexto.

EVA
Se estaba defendiendo.

CARLOS
Yo solo dije que el sistema público es ineficiente, ni siquiera lo critiqué a él.

EVA
Raúl es parte del sistema público. Y es profesor de nuestro hijo. ¿O no? *(Pausa.)* ¿No estamos llevando a nuestro hijo a un buen instituto?

CARLOS
No lo sé.

EVA
¿No lo sabes?

CARLOS
No voy a discutir contigo, Eva. No puedo con su superioridad moral, ya está.

EVA
Sois amigos.

CARLOS
Habla siempre desde ahí. Arriba.

EVA
Parece mentira que os pongáis así.

CARLOS
Cuando se pone así, me toca las pelotas.

EVA
Vamos a dejar tranquilas las pelotas. No se vive bien con tantas pelotas. Somos amigos. Razonamos.

CARLOS
Sí.

EVA
No vamos a discutir por naderías. Las amistades no se ponen en riesgo por naderías. Y le vas a contestar el mensaje. *(Silencio.)* ¡Se lo vas a contestar!

CARLOS
(Coge el móvil con pocas ganas.) ¡Ya lo estoy haciendo!

EVA
Mándale abrazos de mi parte.

CARLOS
Un beso en la boca le voy a mandar.

EVA
Es lo que deberías. *(EVA relee el mensaje de su hijo.)* Carlos.

CARLOS
Qué.

EVA
Álvaro ha suspendido el examen de Lengua.

CARLOS
¿Qué?

ESCENA V

RAÚL
(A público.) Pasada la media tarde recibo un mensaje. *(Suena el aviso correspondiente en su móvil.)* Veo que es un mensaje de Eva. Desbloqueo el móvil. Reconocimiento facial. Necesito dos intentos, tengo la impresión de que últimamente mi móvil se niega a reconocerme. Creo que está penalizando las arrugas nuevas. Mi móvil me llama viejo. Cuando por fin voy a leer el whatsapp, el mensaje ha desaparecido. Ha sido borrado. Eva está en línea. Espero que la aplicación señale que está escribiendo. Que me está escribiendo. Pero no señala nada. Eva está en línea, pero no escribe. ¿Por qué no escribe? ¿Está esperando que yo pregunte? ¿Le está escribiendo a otra persona? Qué raro, me digo. En realidad digo hostias. Hostias, digo, que significa qué raro. Raro, tal y como lo pienso, no sé qué significa.

Escena VI

Instituto.

Raúl
(*A público.*) La mañana siguiente es extrañamente espesa y lenta.

Marta
¿Has leído tu correo?

Raúl
¿Qué?

Marta
El mail. ¿Lo has abierto?

Raúl
Sí.

Marta
Han presentado un escrito.

Raúl
¿Qué escrito?

Marta
Los padres.

Raúl
¿Qué escrito?

Marta
¿No te ha llegado?

Raúl
(Mientras comprueba en su móvil.) ¿Te lo han enviado a
Dirección? ¿No me lo han enviado a mí?

Marta
Están molestos.

Raúl
Porque el chaval ha copiado.

Marta
Ellos dicen que no ha copiado.

Raúl
¿Qué?

Marta
Dicen que no ha copiado.

Raúl
¿Carlos y Eva?

Marta
Lo firma solo Eva.

Raúl
Ah. ¿Y qué más dice?

Marta
¿Tú lo has visto copiar?

Raúl
¿Qué?

Marta
¿Lo has pillado, lo has visto cuando estaba copiando?

Pausa.

RAÚL
Ha sido un cambiazo.

MARTA
Pero ¿tú no lo viste?

Pausa.

RAÚL
Se le cayó algo al suelo. Papeles.

MARTA
¡No has visto el cambiazo!

RAÚL
Vi que removía papeles.

MARTA
¿Cómo que removía papeles, Raúl?

RAÚL
Se sentó al fondo de la clase. Estaba lejos.

MARTA
Pensé que lo habías visto.

RAÚL
Bueno, se colocó al fondo.

MARTA *se toma una pausa. Ese silencio tensa el aire.*

MARTA
¿Siempre se sienta al fondo?

Raúl
No, se sentó en ese examen en concreto.

Marta
¿Y no le dijiste nada?

Raúl
No.

Marta
¿Por qué?

Raúl
Pensé que iba a poder vigilarlo igualmente.

Marta
Pero no lo pudiste vigilar.

Raúl
Sí, sí, vigilé a todos los alumnos.

Marta
Raúl, lo que me estás diciendo es que o bien no vigilaste adecuadamente al chico, o lo vigilaste y no lo viste copiar en ningún caso.

   Pausa.

Raúl
Te enseñé el examen.

Marta
El examen no puedo valorarlo.

Raúl
Álvaro no redacta así, no escribe así.

59

MARTA
No lo puedo valorar en esos términos.

RAÚL
Álvaro tiene problemas de redacción, comete muchos errores. No sabe redactar, es una copia evidente. Tú le das clase.

MARTA
Sí.

RAÚL
Sabes cuál es su nivel.

MARTA
Mi asignatura la aprueba bien.

RAÚL
¿Con qué nota?

MARTA
Un seis. Un cinco...

RAÚL
¡Aprueba con cincos!

MARTA
Un cinco es un aprobado.

RAÚL
Hizo un examen de literatura novecentista casi perfecto.

MARTA
Ya.

RAÚL
Literatura novecentista.

MARTA
Ya.

RAÚL
Juan Ramón Jiménez, «¿Y te has de ir de mí tú, tú a integrarte en un Dios, en otro dios que este que somos mientras tú estás en mí, como de Dios?».

MARTA
Ya.

RAÚL
Aportó ideas que ni habíamos tratado en clase.

MARTA
Desde luego, en mi asignatura no copia.

RAÚL
No lo sé.

MARTA
Ni hay amonestaciones de Álvaro en jefatura por copiar en otras asignaturas.

RAÚL
Que yo sepa no suele copiar.

MARTA
Y esta vez en realidad no lo has visto.

RAÚL
No, pero es obvio que lo ha hecho... La media no le da,

estamos a siete semanas de Selectividad, ha tomado un atajo, es normal, lo hacen a menudo. Ha copiado.

MARTA
Hay que vigilar bien los exámenes.

RAÚL
Yo no me despisté, Marta. Yo vigilo, no me quedo en la mesa, estoy siempre atento. No sé cómo lo hizo, pero ese ejercicio es un cambiazo.

MARTA
Hay que vigilarlos bien. *(Pausa.)* No es un examen final.

RAÚL
No.

MARTA
Álvaro va a tener más exámenes.

RAÚL
Sí.

MARTA
Podría aprobar la asignatura.

RAÚL
Bueno…

MARTA
Podría.

RAÚL
No estudia mucho, Marta, tú sabes que Álvaro no estudia.

MARTA
Si somos rígidos, no encontramos soluciones.

RAÚL
Vale.

MARTA
Vamos a decirle los padres que el chico tendrá otra oportunidad.

RAÚL
No, no.

MARTA
Les vamos a decir que todavía puede aprobar y ya está.

RAÚL
Ha copiado.

MARTA
No concretamos las medidas, lo dejamos abierto para ganar tiempo.

RAÚL
Ha copiado, Marta, tiene que entender las consecuencias, está en su discurso.

MARTA
Vamos a evitar entrar en el asunto, lo vamos a reconducir.

RAÚL
Pero es que ha copiado. Lo puedo demostrar comparando la redacción de este examen con la redacción de los anteriores.

MARTA

No lo compliquemos. Llamo a los padres; les doy una explicación superficial, soy especialista en explicaciones superficiales, por eso me votasteis como directora. Les dejo claro que Álvaro puede seguir el curso con normalidad y tú le pones la nota que corresponda en función de los exámenes siguientes. Ya está.

RAÚL

¿Y este examen?

MARTA

Este examen no hace media.

RAÚL

¿Y qué hago con él?

MARTA

¿Con el examen o con Álvaro?

RAÚL

¡Con el examen!

MARTA

Lo que normalmente hagas con los exámenes, Raúl, lo que dice la ley. Guárdalo. Comunícales que la nota no se tomará en cuenta para la media. Hazlo por escrito, por favor, por mail, ponme en copia.

RAÚL

¿A quién le comunico eso?

MARTA

A los padres, Raúl, obviamente. ¿No se lo has dicho todavía?

RAÚL
¿Qué cosa?

MARTA
Que Álvaro ha suspendido.

RAÚL
Le enseñé el examen al chaval.

MARTA
¿Y a los padres no les has dicho nada?

RAÚL
Álvaro es quien lo tiene que comunicar.

MARTA
No.

Pausa.

RAÚL
¿Se quejan de eso?

MARTA
Los padres se quejan de muchas cosas siempre.

RAÚL
¿Se quejan de que no les he comunicado el suspenso? No me lo ocultes, me lo puedes decir, Marta.

MARTA
Escribe a los padres que ese examen se revisará apropiadamente, dales una explicación general, indefinida, por favor, Raúl. Diles cualquier cosa y vamos a dejar pasar esto.

RAÚL
¡Se quejan de eso!

MARTA
Siempre hay que avisar a los padres.

RAÚL
¿Cómo es el tono del mail?

MARTA
¿Qué mail?

RAÚL
El que te escribieron los padres de Álvaro. Cómo es tono del correo, del escrito, ¿es agresivo?

MARTA
Es... asertivo.

RAÚL
¿Asertivo?

MARTA
Dice con claridad lo que dice.

RAÚL
¿Están ofendidos? ¿Suena ofendido?

Pausa.

MARTA
Si le hubieses puesto la amonestación al chico como yo te dije, estarían avisados. Cuando se pone un cero, conviene avisar. Si son amigos, conviene avisar especialmente.

Escena VII

RAÚL

En estos últimos años, parecen haberse roto los canales de comunicación. No solo entre profesores y padres. En general. Escuchamos y respondemos, pero no sabemos bien qué ni a quién. No sabemos qué esperan los que escuchan. Las palabras se han convertido en una notificación que nada dice de quien las emite ni de sus intenciones. Son un tono que suena, un indicio de un mensaje que se ha enviado. No permiten acceder al mensaje, no hay nada debajo, son apenas notas musicales. Ni siquiera: son pitidos.

EVA

(Al teléfono.) Lo sé perfectamente.

RAÚL

(Al otro lado.) Yo te he llamado otras veces, hemos hablado de los problemas de redacción de Álvaro otras veces.

EVA

Yo sé que tiene problemas de redacción.

RAÚL

Hemos hablado de ellos.

EVA

Claro que sí.

RAÚL

Y de repente, este examen.

EVA

Entiendo que lo pienses.

Raúl
Claro. ¿Qué quieres que piense si no?

Eva
Lo que ocurre es que Álvaro había estudiado.

Raúl
Ya.

Eva
Para este examen ha estudiado mucho.

Raúl
Ya.

Eva
Y es un examen clásico.

Pausa.

Raúl
¿Qué significa clásico?

Eva
Clásico, común. Es un examen memorístico.

Raúl
(Molesto.) Bueno…

Eva
No lo digo despectivamente.

Raúl
Pues no digas «examen memorístico».

EVA
Ya hemos hablado de esto tú y yo.

RAÚL
Sí, exacto.

EVA
Ya sabes lo que pensamos en casa sobre los sistemas de aprendizaje clásicos.

RAÚL
Y no estábamos de acuerdo.

EVA
Raúl...

RAÚL
No existe el aprendizaje sin memoria.

EVA
De esto ya hemos hablado. Te pido disculpas si acabo de decir algo inoportuno. Estamos hablando para intentar aclarar las cosas.

RAÚL
El examen no era solamente memorístico. Tenía un comentario de texto.

EVA
Que se puede preparar.

RAÚL
Bueno...

EVA
Si lleva la parte teórica bien memorizada, es fácil hacer un buen examen.

RAÚL
No es fácil.

EVA
Tú me entiendes.

RAÚL
Parcialmente, Eva. Los dos somos filólogos, tú sabes cómo es un examen de Literatura.

EVA
No eran preguntas fuera de temario. He leído los apuntes. Varias veces. Y revisé el examen, las preguntas correspondían a asuntos que aparecían en los apuntes. Nos enviaron una copia del examen.

RAÚL
¿Quién?

EVA
Marta. Se la pedí a Marta.

RAÚL
¿Por qué a Marta? Podías habérmela pedido a mí.

EVA
No respondías al mail. Te envié un correo al mail del instituto. No lo respondiste. *(Pausa.)* ¿Lo has leído?

RAÚL
He estado desbordado corrigiendo.

EVA
Estábamos esperando tu respuesta y no llegaba.

RAÚL

Todo esto ha ocurrido hace un día apenas, dos, no tuve tiempo para escribiros.

EVA

Bueno, hemos preguntado en el momento en el que las cosas han sucedido. No entiendo, Raúl. ¿Es un error nuestro que tú no respondieses al mail?

RAÚL

¿Por qué no me llamaste?

EVA

Porque di por hecho que respondíais los mails del instituto.

RAÚL

Los respondemos.

EVA

Pues esta vez no lo hiciste. Pensamos que quizá no solías atender el correo.

RAÚL

Sí lo atiendo.

EVA

En fin, sin tener delante la copia del examen, era difícil entender bien qué había pasado. No estaba segura de que se pudiese pedir una copia. Es la primera vez en todos estos años que pedimos una copia y no estaba segura.

RAÚL

No tenemos obligación de enviarla.

EVA

Como parecía que había problemas con los mails, se la

pedí a Marta. Y después la he comparado con los apuntes. El examen es bueno.

RAÚL

Es muy bueno, escribió alguna cosa que ni siquiera habíamos citado en clase.

EVA

Yo le dije que ampliara la información.

RAÚL

La ha ampliado muy bien.

EVA

Sí, porque él sabía que se estaba jugando el curso.

RAÚL

Se lo estaba jugando.

EVA

Álvaro quería que le diese la media.

RAÚL

Ya.

EVA

Claro. Yo lo vi trabajar, hizo un esfuerzo impresionante.

RAÚL

Seguro que sí.

EVA

Buscó mucho en Internet.

RAÚL

Estaba todo en los apuntes.

EVA
En Internet se puede preparar un examen muy bueno.

RAÚL
Internet es un caos, es difícil de cribar, la información
aparece mezclada, llena de errores. Nosotros detectamos
muy fácilmente las copias de Internet porque están llenas
de errores. Normalmente los mismos errores repetidos
infinitamente.

EVA
Sí, Álvaro sabe perfectamente de qué páginas no te puedes fiar. Vosotros les enseñáis a usar Internet, ¿no?

RAÚL
Sí.

EVA
Claro. Ha seguido tus propias indicaciones.

RAÚL
No suelen hacerlo.

EVA
Álvaro, sí. Él te ha hecho caso. Yo vigilo lo que consulta.
Carlos y yo vigilamos lo que consulta.

RAÚL
Ya.

EVA
¿Crees que Álvaro es incapaz de hacer un buen examen?

RAÚL
Yo no he dicho eso.

EVA

Yo creo que sí, creo que eso es lo que estás diciendo.

RAÚL

No.

Pausa.

EVA

No ha copiado, Raúl. Álvaro no ha copiado. Le hemos ayudado nosotros a prepararlo, a seleccionar bien la información.

RAÚL

Ya. Esa es la clave.

EVA

Lo es todo.

RAÚL

Desde luego.

EVA

Nos salva del populismo.

RAÚL

Exacto.

EVA

De los prejuicios. De todo. Sin la información completa, uno puede decir cualquier cosa.

RAÚL

Exacto. Es fundamental que nuestros chavales entiendan esto.

EVA

Es la base de nuestra educación. Si la información no está contrastada, es mejor no difundirla.

RAÚL

Exacto.

EVA

Claro. Mejor que la mentira, el silencio. Queremos que Álvaro tenga un criterio bien formado.

RAÚL

Bien.

EVA

Mira en qué cosas cree la gente. Mira qué está votando la gente.

RAÚL

Ya. El horror.

EVA

Populismo, Raúl. Porque nadie confronta la opinión con los datos. Tú y yo hablamos de esto el otro día.

RAÚL

Sí.

EVA

La opinión sin contraste, repetir lo que se oye: populismo.

RAÚL

El horror.

EVA

Álvaro es capaz de trabajar muy duro. Es lo que ve en

casa. Yo entiendo que te haya parecido extraño, pero Álvaro hizo un esfuerzo enorme.

RAÚL
Sí, sí.

EVA
Ha estudiado como nunca, estamos muy contentos.

RAÚL
Claro.

EVA
Bueno. *(Silencio extraño.)* Solo quería darte mi punto de vista. En todo caso, lo que decidas nos parecerá bien. Solo quería que nos dieseis la oportunidad de dar nuestra versión de lo que ha sucedido. Porque yo estaba delante cuando Álvaro estudiaba y lo vi con mis propios ojos.

RAÚL
Claro.

EVA
Pero lo que decidas, nos parecerá bien. Tú eres el profesor.

RAÚL
Gracias, Eva.

EVA
Bueno...

RAÚL
Sí...

EVA
Eso... *(Silencio.)* Me alegro de que lo hayamos aclarado.

RAÚL

Yo también.

EVA

Hablamos estos días, guapetón.

RAÚL

(Sin ironía, pero también sin brillo.) Guapetona, tú.

EVA

No le des muchas vueltas. Lo que decidas estará bien.

RAÚL

Muchas gracias.

EVA

Carlos te manda un abrazo muy fuerte.

RAÚL

Mándale otro de mi parte.

EVA

Un beso.

RAÚL

Un beso, Eva.

ESCENA VIII

RAÚL

(Al público.) ¿Qué hay detrás de las palabras? ¿Por qué solo oigo pitidos? *(A* MARTA, *visiblemente alterado.)* ¡Me dice que el examen es memorístico!

MARTA
Raúl, por favor…

RAÚL
«El examen es memorístico», con todo el desprecio.

MARTA
No hay desprecio.

RAÚL
¿Cuál es el problema de la memoria? ¿Existe aprendizaje sin memoria? ¿Puedes aprender algo sin memoria? ¿Tengo que disimular el aprendizaje para que los padres no se sientan ofendidos al descubrir que todo es memoria?

MARTA
No se refieren a ese tipo de memorización memoria.

RAÚL
¿Cuántas tipos de memoria hay?

MARTA
No juegues conmigo, sabes perfectamente lo que estoy diciendo.

RAÚL
Los chavales se saben las alineaciones de todos los equipos de fútbol del planeta, ¿de verdad es un problema la memoria?

MARTA
Estás llevando la conversación a un terreno que no te conviene, Raúl.

RAÚL
¿Se han quejado de las ratios? ¿Se han quejado de la cantidad

de alumnos que tenemos por aula? ¿Te han llamado por eso? No, te llaman porque he descubierto copiando al chaval en un examen «memorístico». Esa sí es una razón para movilizarse. *(Pausa.)* Los padres le hicieron el examen.

MARTA
¿Qué?

RAÚL
Los padres de Álvaro le hicieron el examen. El comentario era fácil de prever, un adulto que lea mis apuntes sabe qué tipo de comentario voy a pedir, se puede preparar. Los padres le hicieron el examen. Él simplemente dio el cambiazo.

MARTA
Qué dices, Raúl.

RAÚL
Eva es filóloga. Y Carlos, un listo...

MARTA
Por favor...

RAÚL
... que lleva tomando atajos toda la vida. Se lo hicieron los padres.

MARTA
Raúl, así no vamos a solucionar nada.

RAÚL
He pensado una alternativa.

MARTA
¿Cuál?

79

Raúl

Se la he mandado por mail. Creo que la aceptarán.

Marta

Debías habérmelo consultado antes.

Raúl

¿Consultarte qué hago en mi asignatura?

Pausa.

Marta

Raúl, no pongas las cosas difíciles.

Raúl

No puedo soportar que un tío que defiende la libertad total y la responsabilidad individual y aproveche la mínima oportunidad para engañar, para estafar, para aprovecharse del sistema.

Marta

¿Estás hablando de Álvaro?

Raúl

Estoy hablando de su padre.

Marta

¿Qué tiene que ver su padre?

Raúl

¡Todo!

Marta

Además, ¿esto no lo estabas arreglando con Eva?

RAÚL
¡No!

MARTA
Estás alterado, Raúl.

RAÚL
A Eva la han puesto en el medio el hijo y el padre.

MARTA
Ah, Eva es una mujer tonta que no decide por sí misma.

RAÚL
Marta, me sorprende, te lo digo con toda claridad, me sorprende que tú, que eres mucho más radical que yo en tus opiniones y que dices cosas brutales de los alumnos y de los padres, defiendas que un alumno tiene derecho a copiar y salirse con la suya.

MARTA
Soy radical en la defensa de lo que se puede demostrar y muy cauta en todo lo demás. Y distingo perfectamente los comentarios frívolos entre amigos y los asuntos serios. ¿Eres tú capaz de hacer esa distinción?

RAÚL
Sabes que Álvaro ha copiado.

MARTA
No, no lo sé.

RAÚL
¿Cómo que no lo sabes?

MARTA
No lo puedo saber, Raúl. Y si me preguntas por mi intuición, yo creo que no ha copiado.

RAÚL
No me lo estás diciendo en serio.

MARTA
Creo que estás equivocado, Raúl. Creo que el chico estudió de verdad. Con ayuda de los padre, sin duda, pero estudió. El examen no me parece especialmente brillante. Tú, por alguna razón, crees que ha copiado. Bueno, cuando lo puedas demostrar, te apoyaré en todo lo que decidas. Por ahora, el chico simplemente ha hecho un buen examen.

Silencio.

RAÚL
¿De verdad crees que no ha copiado?

MARTA
Sí, Raúl. Creo que no ha copiado.

Silencio.

RAÚL
¿De verdad lo crees?

MARTA
Manda el mail y ponme en copia.

ESCENA IX

Casa de EVA *y* CARLOS.

CARLOS
No va a hacer un examen oral.

EVA
Carlos, no compliquemos las cosas.

CARLOS
No va a hacer un examen oral, ¿por qué tiene que hacer un examen oral?

EVA
Porque es el modo de comprobar que sabe la materia.

CARLOS
¡Comprobar quién!

EVA
¡Raúl!

CARLOS
Raúl ya le hizo un examen, ya lo ha comprobado: Álvaro sabe la materia.

EVA
Raúl no lo tiene claro.

CARLOS
¡Me importa tres mierdas Raúl!

EVA
¡Carlos!

CARLOS
¡Pero qué le pasa a ese tío!

EVA
Vamos a bajar el tono, por favor.

CARLOS

¡El señor de luz y sus lecciones!

EVA

No digas tonterías.

CARLOS

Eva, aceptar que Álvaro haga un examen oral es aceptar que Raúl tiene razón. Si decimos que sí, admitimos que nuestro hijo ha copiado.

EVA

Admitimos que no estamos de acuerdo con su decisión, pero por nuestra amistad estamos dispuestos a hacer un esfuerzo.

CARLOS

A costa del niño.

EVA

Es un examen oral, Carlos, no lo va a poner a cavar en la mina.

CARLOS

Álvaro hizo un esfuerzo enorme y logró un resultado estupendo. Los dos le estuvimos ayudando, sabes que iba preparado, ¿o no iba preparado?

EVA

Sí.

CARLOS

Iba preparado. Y ese esfuerzo lo vamos a premiar dejando que su profesor le haga un examen oral extraordinario porque su señoría tiene dudas.

EVA
Su señoría es Raúl.

CARLOS
Exacto, Raúl. Ese es el problema. Raúl, amigo de toda la vida, que ahora nos quiere dar una lección. ¡Me la quiere dar a mí!

EVA
Escúchame, se acabó. Vamos a hacer lo que nos propone y punto. Si no nos gusta, no le volvemos a dirigir la palabra. Pero hay que poner un final a esto. Y lo vamos a poner aquí. Raúl es nuestro amigo.

CARLOS
Nuestro amigo nos está dando una de sus lecciones sobre honestidad.

EVA
Por favor, Carlos...

CARLOS
El asunto es una idiotez. Raúl le ha hecho decenas de exámenes a nuestro hijo, sabe perfectamente cuál es su nivel. ¿Ahora necesita un examen oral extraordinario para averiguar sus conocimientos? ¿A punto de hacer la Selectividad? ¿Esto tiene algún sentido?

EVA
Da igual si tiene sentido, Carlos. Es una cuestión de amistad.

CARLOS
Exactamente. Y Raúl ya tiene clara su postura.

EVA
Habrá que dejarle claro que no todos tenemos la misma. Que se puede ser razonable.

CARLOS
Razonable...

EVA
¿Cuál es la opción?

Pausa.

CARLOS
¿Quién le va a decir a Álvaro que aceptamos la repetición del examen? ¿Vas a decírselo tú?

EVA
Si tú no me ayudas, sí.

Pausa.

CARLOS
¿De verdad te parece bien esto?

EVA
No.

CARLOS
¿Entonces?

EVA
Alguien tiene que marcar la diferencia.

CARLOS
¿Qué diferencia?

EVA
Entre lo absurdo y lo razonable.

CARLOS
¿Y para marcar la diferencia entre lo absurdo y lo razonable vas a utilizar a nuestro hijo?

ESCENA X

MARTA
Ante todo os quiero dar las gracias a los tres por haber venido, sé lo que supone buscar una hora libre para acercaros al instituto.

EVA
Nos hubiese gustado venir antes.

Pausa breve.

MARTA
Este es el momento que hemos podido encontrar, es difícil ajustar los horarios de todos. Tenemos los horarios muy ajustados de un tiempo a esta parte.

EVA
Para los padres que trabajamos es muy difícil.

MARTA
Lo sé, la reunión será breve, así podemos irnos a comer cuanto antes. Yo sé que no es una hora cómoda. *(La disculpa cae en un charco de silencio.)* En todo caso, este es el momento aclarar los malentendidos y que así podamos llegar a una solución de consenso que nos permita seguir con el curso. Estamos muy cerca del examen de Selectividad ya.

EVA
Eso nos preocupa especialmente.

MARTA
Claro, con toda lógica.

EVA
No hay tanto tiempo de reacción.

MARTA
Bueno queda algo más de un mes.

CARLOS
Un mes y medio.

MARTA
Así que lo más razonable es que seamos prácticos.

EVA
A mí me gustaría dejar claro desde el inicio que no queremos poner en duda la metodología de Raúl. Somos amigos desde hace mucho tiempo...

MARTA
Sí, lo sé, me lo ha comentado.

EVA
Nosotros no vamos a cuestionar su forma de dar clase o el tipo de examen que propone. *(Se corrige, a* RAÚL.*)* El tipo de examen que propones tú. Y consideramos que eres un profesor excelente, Álvaro está muy contento contigo.

MARTA
Es un profesor muy querido en el instituto.

EVA
Es evidente.

MARTA
Muy valorado.

EVA
Sí. No queremos poner en cuestión su método. Simplemente nos gustaría buscar opciones para la valoración de este examen en concreto y ceñir a ese asunto las decisiones que correspondan.

MARTA
Claro, porque, si no he entendido mal, Raúl os ha ofrecido una alternativa...

EVA
Lo que ocurre con esa alternativa...

RAÚL
Es una prueba sobre los mismos conocimientos, no necesita preparar materia nueva.

CARLOS
Nuestro hijo no va a hacer ningún examen oral. No va a hacer un examen extraordinario. Lo que queremos es ver cómo se valora lo que ya ha hecho, el examen que ya ha escrito.

RAÚL
Ese examen yo no lo puedo valorar.

CARLOS
¿Por qué?

RAÚL
Porque necesito comprobar que Álvaro domina esos contenidos.

CARLOS
¿Por qué razón el examen no lo demuestra?

RAÚL
Yo creo que este no es el asunto sobre el que debemos hablar ahora.

CARLOS
¿Sobre qué asunto debemos hablar entonces?

RAÚL
Ese problema ya se planteó. Estamos en un paso subsiguiente.

CARLOS
¿Quién ha decidido eso?

RAÚL
¡Estamos intentando acordar algo que permita evaluar al chico de forma adecuada!

CARLOS
¿Un examen excelente no es adecuado?

RAÚL
El problema es que hay dudas sobre el examen excelente. Estamos dando pasos atrás en la discusión.

MARTA
No estamos discutiendo.

RAÚL
Esto ya estaba decidido.

MARTA
Estamos intentando llegar a acuerdos.

RAÚL

Sí, sí, pero no podemos dar pasos atrás, no nos hemos reunido para hablar del examen que ya se ha hecho.

EVA

Tampoco podemos avanzar sin estar de acuerdo en el inicio.

RAÚL

Pero es que ya había un acuerdo, estábamos de acuerdo en que el examen presentaba problemas.

CARLOS

¿Quién acordó eso? Nosotros no acordamos nada, solo recibimos comunicaciones.

RAÚL

Me refiero a la conversación en sí.

CARLOS

La conversación tiene que tratar de lo que tú digas, en tus términos…

MARTA

Por favor.

RAÚL

Pero ¿para qué estamos reunidos entonces aquí hoy?

MARTA

Raúl, por favor.

CARLOS

Estamos aquí reunidos porque nuestro hijo ha sido amonestado sin pruebas.

RAÚL
Estamos aquí para encontrar soluciones a un problema.
Tu hijo ni siquiera ha sido amonestado. Yo podía haberlo
amonestado y no lo hice.

CARLOS
¿Un cero en un examen a poco más de un mes de
Selectividad no es una amonestación?

RAÚL
No, una amonestación es otra cosa.

CARLOS
¿La palabra amonestación también tiene que significar lo
que tú digas? ¿Tú decides el significado de todas las palabras en esta conversación? ¿El diccionario es tuyo?

RAÚL
Pero ¿qué estás diciendo?

MARTA
Si subimos el tono, es imposible que mantengamos una
actitud constructiva.

> CARLOS *se vuelve hacia* EVA. *Sin palabras, exige que se
> comprometa en la conversación.*

RAÚL
¿Por qué te giras hacia Eva?

MARTA
¡Raúl!

RAÚL
Dime tú lo que tengas que decir.

Eva

Carlos y yo no entendemos por qué el examen es sospecho-
so, Raúl. No lo entendemos. Y las explicaciones que se nos
han dado, a destiempo y de forma bastante discutible...

Raúl

¿Cómo que a destiempo?

Eva

... no son suficientes...

Raúl

Apenas tuve tiempo para responder el mail.

Eva

... porque suponen un perjuicio muy grave como para no
exigir que sean realmente rigurosas.

Raúl

¿Yo no soy riguroso?

Eva

Estamos hablando de las explicaciones.

Raúl

¿No están a vuestra altura mis explicaciones?

Eva

Pero ¿por qué me hablas de este modo, Raúl?

Marta

(Inmediatamente.) Por favor. ¿Cuál es vuestra propuesta,
Eva? ¿Cómo podemos solucionar esto?

Eva

Nosotros solo creemos que si el profesor... si tú, Raúl...,

tienes sospechas sobre una posible copia, pero no la has visto ni la puedes demostrar, en realidad... *(Queda suspendida la oración, en espera de impulso.)*

RAÚL
El problema es mío.

MARTA
¡Raúl!

RAÚL
Es un problema mío.

CARLOS
De nuestro hijo, no.

RAÚL
Fui yo el que copió. No copió vuestro hijo, fui yo.

MARTA
¡Raúl!

CARLOS
¡Tú no eres el que copió: tú eres el profesor que no se entera de nada!

MARTA
Vamos a dejar la reunión aquí.

RAÚL
¡He copiado yo!

CARLOS
¡Nuestro hijo, desde luego, no! ¡Y deberías pensar muy bien las cosas antes de hacer una acusación de ese tipo!

RAÚL
¿De qué tipo?

MARTA
¡Se ha acabado la conversación!

RAÚL
¿Qué grave acusación he hecho? Un chaval ha copiado un examen, ¿cuál es la gravedad de la acusación?

CARLOS
El problema es que esto no es profesional, que una sospecha no es motivo de nada y que nos negamos a aceptarlo. A lo mejor el problema es que esta es la primera vez que alguien te dice que no puedes hacer lo que te da la gana.

MARTA
¡Por favor!

CARLOS
Funcionarios de las pelotas. ¡Hacéis lo que os da la gana y no podemos ni rechistar porque os ofendéis!

MARTA
¡Por favor, Carlos!

RAÚL
Sin embargo, los padres mantenéis siempre la calma, por lo que veo.

MARTA
¡Raúl!

CARLOS
Lo que os da la gana hacéis. Toda la vida igual. Y nadie os pide responsabilidades. ¡Pues te las pido yo!

RAÚL
¡Tu hijo ha copiado en el examen! ¡Tu hijo, no yo!

EVA
Nosotros nos vamos.

MARTA
Lo siento mucho.

CARLOS
Esto es lo que pasa con los funcionarios. Esto es exactamente lo que pasa.

RAÚL
Hay que ser honrado, Carlos. Las cosas hay que hacerlas y si no se consiguen, hay que aceptar que alguien te lo haga notar.

CARLOS
Alguien como tú, claro, beatificado en pureza.

RAÚL
¡Los atajos neoliberales, para las bitcoins, los pisos por las nubes y vuestras estafas! ¡En la pública se trabaja con honestidad!

CARLOS
¡Y los muros y la arbitrariedad para los socialistas, cuantos más gente estampada, mejor! ¡Vamos a hacerle la vida imposible a todo el mundo porque los funcionarios no tenemos mejor ocupación que tomar café y hacerle la vida imposible al ciudadano común!

RAÚL
Tomamos café y aguantamos padres insolentes.

EVA
(A MARTA.) Sentimos mucho lo que está pasando.

MARTA
No era esta la idea de la reunión. Siento que tenga que acabar así.

EVA
Nos vamos.

MARTA
Os llamaré por teléfono.

EVA
Esto es horrible.

RAÚL
Sin duda alguna.

> EVA y CARLOS *salen. El silencio recorta las figuras de* MARTA y RAÚL *sobre el fondo.*

MARTA
Te acabas de suicidar.

RAÚL
¡A tomar por culo!

ESCENA XI

Saliendo del instituto.

EVA
Carlos.

Carlos

No quiero hablar.

Eva

Carlos, por favor.

Carlos

¡No quiero hablar! ¡No quiero que me digas nada, estoy hasta las narices de las palabras! A Raúl y a ti os encanta hablar; a mí, no. Estoy harto, estoy envenenado.

Eva

No sé qué dices, Carlos.

Carlos

Este problema, toda esta bronca, es discurso puro. Es ideología, son palabras. No hay nada real detrás. Es imposible que una sospecha de copia, una lejana sospecha de copia de una mierda de examen miserable suponga un problema de este tamaño. Algo que puede arruinar el recorrido escolar de un chaval de diecisiete años. Es imposible, Eva. No estamos discutiendo sobre nada real. Nada. Raúl dice que quiere solucionar una injusticia, pero en realidad solo quiere colocarse una vez más por encima de nosotros, por encima de mí. Parece que defiende no sé qué valores fundamentales, sagrados, pero en realidad solo quiere vernos aplaudiendo y dando gracias por su inestimable lección. Ponerse por encima, eso es lo que hay detrás de todo el blablablá. Es la única explicación para este disparate. ¡Y es intolerable! Me niego a seguir alimentando su ego, el asunto está en manos de la directora. A ella le corresponde solucionarlo, confío totalmente. Doy por hecho que va a actuar correctamente y que se va a ceñir a los hechos que se pueden demostrar de forma objetiva. Doy por hecho que va a rechazar sospechas, insinuaciones o creencias de cualquier tipo. Doy por hecho que el sistema que defendéis con tanto convencimiento va a funcionar bien y va a proteger a quien se encuentra en la posición más débil. Lo doy por hecho porque es impensable, ¡sería el colmo!, que una vez más esto acabe en un desastre.

Eva
   ¿Una vez más?

Carlos
   Una vez más.

Eva
   ¿Y si Álvaro hubiese copiado?

Carlos
   ¿Qué?

   Pausa.

Eva
   ¿Y si nuestro hijo ha copiado?

   Pausa.

Carlos
   ¿Tú crees que ha copiado?

   Pausa.

Eva
   No lo sé.

Carlos
   ¿Qué estás diciendo, Eva?

EVA
Tú tampoco lo sabes.

CARLOS
Sí lo sé.

EVA
No, no lo sabes. Hablamos de objetividad. Nuestro hijo puede haber copiado.

Pausa larga.

CARLOS
¿Tú le ayudaste a hacer el examen?

Pausa.

EVA
No.

CARLOS
¿No?

EVA
No. *(Pausa.)* ¿Y tú?

Pausa.

CARLOS
No. Aunque le hubiésemos soplado cada una de las palabras del examen, esto seguiría siendo un despropósito. Le corresponde a Marta solucionarlo.

EVA
¿Y nosotros qué vamos a hacer?

CARLOS
Ya que lo dices, ¿nosotros qué vamos a hacer?

ESCENA XII

MARTA
(A público.) Los términos en que se dirimen los conflictos en un instituto han cambiado por completo en los últimos años. Las relaciones entre padres, profesores y el equipo directivo. Entre el personal docente y el no docente… Las reglas se están escribiendo en este preciso momento por la vía de la fuerza, de los hechos. A veces me pregunto si existe alguna directora, algún director, en algún instituto, que sepa con exactitud qué estamos haciendo, que acierte con esa cosa que llamamos verdad y de la que ya solo esperamos que no nos aplaste cuando nos pase por encima. La mañana llega cargada de noticias y ninguna agradable.

RAÚL
(A MARTA, mientra observa atónito la pantalla del móvil de la directora.) Claro que soy yo.

MARTA
Eres tú.

Pausa. RAÚL necesita tiempo para encajar lo que está viendo en el móvil.

RAÚL
Esto es inadmisible.

MARTA
Desde luego.

101

RAÚL
En el whatsapp de los padres.

MARTA
Sí. Ese es el pantallazo.

RAÚL
Es increíble la mala intención.

MARTA
He llamado a Laura, del AMPA.

RAÚL
El hampa, con hache, el hampa.

MARTA
He pedido una reunión con los padres. Es inaceptable.

RAÚL
¿Se sabe quién las subió?

MARTA
Sí, pero, como te digo, son capturas, son pantallazos. El padre los sube porque las vio colgada en algún sitio y pregunta qué tipo de fotos son. No sube las fotos en sí, sube un pantallazo pidiendo explicaciones. Las fotos originales estaban por todas partes, en los whatsapp de los chicos también. Llevan unas semanas ahí. ¿No lo sabías?

RAÚL
¿Cómo lo voy a saber? Te lo hubiese dicho.

MARTA
Podía ser que no lo encontrases ofensivo.

RAÚL

Lo que me ofende es que alguien crea que estas fotos son un problema.

MARTA

Tú sabes lo que la gente piensa ahora del comunismo.

RAÚL

No toda la gente.

MARTA

Suficiente gente.

RAÚL

Y que yo esté en la fiesta del partido comunista no significa que yo lo sea.

MARTA

En las fotos estás con alumnos.

RAÚL

De segundo de Bachillerato.

MARTA

¿En segundo ya no son alumnos?

RAÚL

Son chavales de diecisiete y dieciocho años. Algunos mayores de edad y muchos de ellos más rojos que tú.

MARTA

Son fotos de un profesor que se lleva a cinco alumnos de instituto a la fiesta del partido comunista. Raúl, haz un esfuerzo por entender lo que está pasando.

RAÚL
Esto es inaceptable.

MARTA
Algo inaceptable que te puede destrozar la vida.

RAÚL
Ahora es un problema que alguien asista la fiesta del Partido Comunista. ¡Que es una verbena!

MARTA
Es un problema que difundas ideología.

RAÚL
Difundo ideología…

MARTA
Esa es la acusación.

RAÚL
¿Cuándo difundo ideología?

MARTA
Durante tus clases.

RAÚL
En mis clases enseño literatura.

MARTA
Y das tu opinión, dicen ellos.

RAÚL
¿Qué ellos?

MARTA
Los padres.

RAÚL
Ya ves…

MARTA
Y los alumnos.

RAÚL
¿Los alumnos te han hablado de mí?

MARTA
Claro.

RAÚL
¿Y te han dicho que opino?

MARTA
Sí.

Pausa.

RAÚL
¿Quiénes lo han dicho?

MARTA
No seas infantil, Raúl.

RAÚL
Claro que doy mi opinión. Todos los profesores opinamos. ¿Tú no?

MARTA
Yo, no. Porque caigo mal. Solo podéis opinar los carismáticos.

RAÚL
Marta, en este momento los chistes no…

MARTA

Ningún chiste, tú sabes que eso es así. En todo caso, en el grupo de padres consideran que das demasiadas opiniones, que hay demasiada ideología en tus clases.

RAÚL

¡Como si estar callado no fuese difundir ideología!

MARTA

¿Se lo vas a explicar a ellos?

RAÚL

Pero ¿cómo hemos podido llegar a este punto, Marta? ¿Desde cuándo ser de izquierdas es un problema? ¿Qué ha pasado aquí?

MARTA

Quiero hablar con Laura, del AMPA. Sería un asunto menor si no apareciesen chavales del instituto en la fotos.

RAÚL

¿Quién las ha subido?

MARTA

Eso no importa.

RAÚL

¿Se sabe quién subió las fotos?

MARTA

No te lo voy a decir hasta no aclarar la situación.

RAÚL

¿Los padres de Álvaro están en ese grupo?

MARTA
¿De verdad crees que tus amigos pueden llegar a ese punto?

RAÚL
No lo sé. ¿Fueron ellos?

MARTA
No. Hace unas semanas que están dando vueltas por los grupos.

RAÚL
¿Me estás diciendo la verdad?

MARTA
Vamos a lo importante. He quedado en hablar esta mañana con Eva y Carlos para intentar que no escriban a Inspección.

RAÚL
¿Han escrito a Inspección?

MARTA
Voy a intentar que no escriban. Tengo miedo, Raúl. Tengo miedo por ti. No tienes cuaderno del profesor, no redactas correctamente las memorias, tu jefe de departamento y muchas veces yo misma cubrimos lo que tú no quieres hacer bien.

RAÚL
La burocracia no es mi trabajo.

MARTA
Es tu trabajo tanto como dar clase. Eres parte de la Administración. Lo administrativo también es tu trabajo.

Hasta tal punto que la inspectora será lo primero que revise.

RAÚL

No va a venir ningún inspectora.

MARTA

Raúl, por favor, no me lo pongas tan difícil.

RAÚL

¿Soy yo quien te lo pone difícil? *(Silencio.)* ¿Me han puesto ya la reclamación? ¿Eva y Carlos me han puesto una reclamación? ¿La han puesto y estás intentando frenarla? ¡Me cago en todo, Marta!

MARTA

Te dije que abrieses una opción.

RAÚL

¡Han llamado a Inspección!

MARTA

Si no te metes mucho por el medio, creo que lo puedo arreglar.

RAÚL

¡No arregles nada!

MARTA

Si dejas de gritar, ya ayudas bastante.

RAÚL

¡No arregles nada! ¡Que me la pongan! Soy uno de los profesores mejor valorados.

MARTA
Te va a pedir tus programaciones, no la encuesta de los alumnos.

RAÚL
Y yo le diré que lo importante son los alumnos, no la programación.

MARTA
¿Y las modificaciones de tus alumnos con adaptación? ¿Y tu cuaderno? ¿Tienes tus anotaciones al día o sigues haciendo las medias del trimestre de memoria como siempre?

RAÚL
Es increíble.

MARTA
Te lo dije, Raúl.

RAÚL
¡Han ido a Inspección!

MARTA
Te lo advertí claramente.

RAÚL
¿Cuando la inspectora pregunte, vas a defender que Álvaro ha copiado?

MARTA
Yo no sé si Álvaro ha copiado.

RAÚL
Te lo estoy diciendo yo.

MARTA
Vamos a ir poco a poco, cada asunto en su momento.

RAÚL
Marta, te estoy haciendo una pregunta.

MARTA
¡Y yo te he contestado, Raúl!

RAÚL
Yo creo que no.

MARTA
Por suerte, no todo depende de lo que tú crees.

RAÚL
¿Cuando venga la inspectora te vas a poner de perfil?

Silencio.

MARTA
Es increíble.

RAÚL
¿Qué cosa es increíble?

MARTA
¿Tú crees que me estoy poniendo de perfil?

RAÚL
No lo sé, te lo pregunto.

MARTA
No me lo estás preguntando de verdad...

Escena XIII

RAÚL
Mientras salgo del instituto, los alumnos que me cruzo
desvían la mirada. Probablemente no contribuyo a la
normalidad observándoles como les observo. En el apar-
camiento encuentro el coche rayado. De extremo a extremo: las puertas, el lateral de la carrocería. Han pinchado
dos ruedas, las han rajado con una navaja o algo así.
Sobre el capó han escrito la palabra comunista.

RAÚL *observa el desastre, el piso inclinado, humillado sobre
el pavimento. Lo observa atónito. Después toma su móvil y
marco un número.*

CARLOS
(Responde la llamada.) Hola.

RAÚL
¿Habéis subido vosotros las fotografías al grupo de
padres?

CARLOS
El grupo de padres lleva semanas hablando de esas fotografías.

RAÚL
¿Ahora animáis a la gente a rajarme el coche?

CARLOS
No sé de qué me estás hablando.

RAÚL
O simplemente os quedáis callados cuando alguien lo
propone.

CARLOS
Propone qué, Raúl, se te está yendo la cabeza.

RAÚL
Me sorprende tener amigos como vosotros.

CARLOS
Eso es recíproco.

RAÚL
De todas las cosas que me esperaba, esta es…

CARLOS
¡Nosotros no hemos rajado nada, ni alentado nada, Raúl!
¡No hemos subido ni una foto, no tenemos doce años!

RAÚL
¡Os habéis callado! ¡Podíais haberme avisado!

CARLOS
¿De qué? ¿De que los padres hablan de los profesores?
¿No lo sabías? ¿De que has ido a la fiesta del partido
comunista? ¿De que te sacaste una foto en la fiesta?
¿Tampoco lo sabías? ¿Te sacaste la foto por error?

RAÚL
Carlos, eres un hijo de puta.

CARLOS
¿Un qué?

RAÚL
Un hijo de puta.

Pausa.

CARLOS
¿Qué estás diciendo, colega?

RAÚL
Integral.

Otra pausa, más tensa que la anterior. CARLOS *cuelga.*
RAÚL *abre whatsapp. Graba un audio.*

RAÚL
Eva, soy yo. Me acaban de enseñar el whatsapp de padres. Estoy seguro de que sabéis de qué hablo. Al salir del instituto me he encontrado el coche rayado de un lado a otro, con una pintada y con las ruedas pinchadas. No sé si es esto lo que queríais, si os parece bien, yo ya no lo sé. Pero sí sé una cosa: vosotros sabéis que esto está pasando porque estáis en ese grupo de whatsaap. Sabéis perfectamente lo que está pasando. No lo habéis detenido, no habéis protestado, ni siquiera me habéis llamado para decirme lo que estaba pasando. De Carlos me esperaba cualquier cosa, pero de ti... ¡De ti, Eva! ¡No me lo puedo creer! *(Pausa.)* Vuestro hijo copió. Vuestro hijo ha engañado en un examen y vosotros lo habéis defendido del modo más deshonesto porque, como a todos los liberales de nuevo cuño, os molesta que alguien os diga que lo que estáis haciendo es impresentable, especialmente si quien os lo dice es de izquierdas. Pues es impresentable, Eva, está mal. Lo que ha hecho Álvaro está mal y lo que habéis hecho vosotros está peor. Os estáis comportando como basura. Como lo que siempre hemos despreciado: la basura. ¿Qué es esto de las fotos? ¿De dónde han salido? ¿Y la denuncia a Inspección? ¿Vosotros sois mis amigos? ¿Qué es esto, Eva, en qué mierda os habéis convertido? No sé que os ha pasado en estos años, no sé si es el dinero lo que os ha vuelto locos, la manipulación,

no lo sé. Lo que sí sé es cómo os estáis portando respecto a mí. Y me ha quedado muy clara vuestra posición, la he entendido, no necesito que me sigáis enviando mensajes. La he entendido y la tendré muy en cuenta de ahora en adelante. Te dejo este audio para que te quede clara la mía. Os estáis comportando como basura. ¿Queréis degradar la discusión a la altura de rajar coches? ¿Me acerco yo a rajar el vuestro, a ver cuál es el siguiente paso, a ver a dónde llegamos? *(Deja de grabar. Se lo piensa por un momento. Un momento breve, a decir verdad. Lo envía. RAÚL observa el coche. Se va toda luz menos la que refleja el vehículo rendido sobre el asfalto.)* El coche parece estar de rodillas en el asfalto. ¿Soy yo este coche? *(Pausa.)* Necesito una cerveza.

ESCENA XIV

RAÚL *en su casa, dormido en el sofá con la ropa del día anterior. Suena el teléfono. Es* MARTA, *desde el instituto.*

MARTA
¿Dónde estás?

RAÚL
En casa.

MARTA
¡En casa!

RAÚL
Me he quedado dormido.

MARTA
La inspectora ha llegado.

RAÚL
¿Qué?

MARTA
La inspectora ha llegado.

RAÚL
En cuarenta minutos estoy ahí.

MARTA
¿Estás en casa?

RAÚL
Sí.

MARTA
Tenías clase a primera hora.

RAÚL
Me he quedado dormido. He pasado una noche fatal.

MARTA
Si estás de resaca no vengas.

RAÚL
No estoy de resaca.

MARTA
Nos reunimos los tres otro día. Así puedo hablar con ella tranquilamente.

RAÚL
No estoy de resaca.

MARTA
No vengas, Raúl.

RAÚL
   ¡Que no estoy de resaca!

MARTA
   No vengas.

   Pausa.

RAÚL
   ¿Qué ha pasado?

MARTA
   Está Carlos en el instituto. Al parecer les has enviado un audio.

RAÚL
   Sí, le he enviado un audio a Eva.

MARTA
   Lo he oído. Nos lo ha enseñado.

RAÚL
   ¡Es un audio privado!

MARTA
   No vengas al instituto. Te llamaré cuando acabe de gestionar todo esto. *(Se mueve para que nadie le escuche.)* Ve al médico. Dile que no te encuentras bien y pídele la baja. Te puede firmar una baja por depresión.

RAÚL
   ¿Qué? No, no.

MARTA
   Explícale que no estás bien en el trabajo, te la va a firmar.

Vamos gestionando esto sin que las clases se vean afecta-
das, es lo mejor. El proceso se ha complicado. Laura ha
venido hace un rato, está reunida con la inspectora.

RAÚL
  ¿Qué hace ahí el AMPA?

MARTA
  Ocupar el tiempo que has dejado tú libre al no venir esta
  mañana. Está el AMPA, está Carlos y está la inspectora.
  Es mejor que no vengas.

RAÚL
  Claro que voy a ir. Tengo que dar clase, tengo un deber
  con los alumnos. Voy a ir.

MARTA
  Si apareces esta mañana en el instituto, dejo todo en
  manos de inspección y me abstengo de cualquier inter-
  vención que no sea estrictamente la que me exijan. Tú
  decides. Yo no puedo proteger a quien ha decidido despeñarse.

RAÚL
  ¡Despeñarse!

MARTA
  Ve al médico. Pide una baja por depresión o por lo que
  sea. Van a abrirte expediente...

RAÚL
  ¿Qué?

MARTA
  ... y no estás en condiciones de no empeorarlo, quédate
  en casa. Yo te llamo con lo que vaya sucediendo.

RAÚL
No.

MARTA
¡Raúl!

RAÚL
¡No me da la gana!

MARTA
Lo estás poniendo muy difícil.

RAÚL
Porque dejáis que se ponga difícil.

MARTA
¿Qué dices?

RAÚL
Que tienes miedo, Marta. Que no me defiendes porque estás aterrorizada. Soy de izquierdas, todos los alumnos, los compañeros, todos lo saben porque lo declaro abiertamente. ¿Ahora me tengo que esconder como tú?

MARTA
¿Quién te está pidiendo que te escondas?

RAÚL
¡Tú, Marta, tú me lo estás pidiendo!

MARTA
¡Te estoy pidiendo que me dejes arreglar esto con calma, que me des tiempo porque tu audio imbécil ha acabado por complicarlo todo!

RAÚL

¿Quién te ha pedido que árregles nada? ¡Lo arreglo yo!

MARTA

¡Tú no puedes, Raúl, no eres capaz! ¡Esto te queda enorme! ¡No sabes negociar, ni siquiera sabes escuchar!

RAÚL

Ah, ¿no?

MARTA

¡No, Raúl, no! ¡Tú gritas! ¡Te encanta gritar! ¡Y el que grita no escucha!

RAÚL

¿Tú no estás gritando ahora? *(No hay respuesta.)* Os echáis a temblar en cuanto aparece un padre por el despacho. Tan comunista, tan revolucionaria y llega un padre y te echas a temblar.

MARTA

Es imposible, te pones agresivo, te pones faltón.

RAÚL

¡Faltón!

MARTA

Maleducado, faltón. Es imposible. En realidad tú no quieres negociar.

RAÚL

Porque no hay nada que negociar. Con la dignidad no se negocia, Marta. Esta situación es indigna. Lo que me están haciendo es indigno. ¿Tú vas por la vida pactando grados de indignidad?

MARTA

Qué indignidad, de qué hablas, qué manera de sacar las cosas de quicio...

RAÚL

Llevo quince años dando clase. Sin ningún problema. Nunca he ocultado lo que pensaba sobre cualquier asunto, pero tampoco le he faltado al respeto a nadie. En cuanto a Álvaro, tengo la obligación de examinarlo cuantas veces crea conveniente para asegurarme de que conoce bien los contenidos. Me pagan para que mis alumnos sepan literatura, no para que finjan que la saben. *(Pausa.)* Voy a ir al instituto, siento ponerte en esta situación. Voy a dar la cara y voy a exigir responsabilidades: quiero saber quién difunde fotografías sin permiso y quién ampara después esas acciones.

MARTA

¿Las ampara?

RAÚL

Sí, las ampara.

MARTA

¿Quién las ampara?

RAÚL

No lo sé, Marta.

MARTA

¿Quién las ampara según tú?

RAÚL

Eso exactamente quiero saber: cómo puede ser que unas fotografías con tan mala intención estuviesen semanas dando vueltas en los grupos de whatsapp de padres y alumnos sin que nadie dijese nada.

MARTA
¿Quién tendría que decir algo?

RAÚL
No lo sé, Marta. Las personas con capacidad de decir algo. *(Pausa.)* Aquí yo soy el agredido, no soy el responsable.

Pausa.

MARTA
Mucha suerte.

MARTA *cuelga la llamada.* RAÚL *no se mueve del lugar. Pausa. Intenta recuperar la comunicación, pero* MARTA *no responde. Silencio. Suena el móvil por una llamada entrante.* RAÚL *lee la pantalla mientras suena, pero no responde inmediatamente. Unos segundos después, habla. ¿Diga? Cuelgan.* RAÚL *busca en la pantalla, parece que hay algo extraño. Vuelve a sonar el móvil. Responde. ¿Quién es? Vuelven a colgar. Pausa. Después se dirige a público.*

RAÚL
Han llamado al teléfono toda la madrugada. Contesto y no dicen nada. Cuelgo y vuelven a llamar. Al fijo y al móvil. Desconecté los dos anoche, hacia las dos de la madrugada. Después me resultó imposible dormir. A primera hora de la mañana conecté el móvil de nuevo. Tenía más de veinte llamadas perdidas. Y han seguido hasta ahora, números privados. A pesar de todo, voy al instituto, paso por delante del coche pinchado y humillado, entro en clase, dejo las cosas sobre la mesa. Me giro

hacia los alumnos, que guardan un silencio que no puedo descifrar. No está Álvaro. Les pido perdón por llegar tarde. *(Observa en silencio a los espectadores, que en adelante serán sus alumnos.)* Nadie habla en la clase. ¿Qué calláis? Lo pienso, pero no lo digo. No puedo decirles que siento decepción y bastante miedo por su silencio. Intento iniciar la clase con normalidad fingida, pero no soy capaz. Hoy quiero que me respondáis a unas preguntas, les digo. Quiero que me digáis con sinceridad vuestra opinión sobre ciertas cuestiones. Y noto entonces una brecha que se abre repentinamente en el suelo de la clase, en tan corto espacio, tan cerrado, un tajo no obstante, una falla que crece con cada palabra. *(A los alumnos.)* Todos sabéis lo que está pasando. Voy a ser claro: Me consta que me valoráis, les digo, siempre hemos tenido una comunicación fluida. Eso os gusta, lo sé, como me gusta a mí. Nuestras clases siempre han ido muy bien. Hasta hace unos días. Por eso os pido hoy vuestra opinión sincera. *(Un respiro antes de lanzarse.)* Si en clase explico que la llegada al poder de un dictador destruye el tejido cultural de un país, acaba con una generación de artistas inigualables que huyen o son asesinados, ¿estoy opinando o estoy describiendo hechos objetivos? Cuando explico que los mejores escritores y escritoras de nuestro país son mayoritariamente progresistas, que muchos simpatizaron con el comunismo cuando este apareció, o como mínimo con el anhelo de justicia social y progreso del comunismo, ¿estoy difundiendo ideología? Cuando comento obras fundamentales que retratan las consecuencias de la corrupción, de la falta de libertad y de la pobreza en un contexto de moral conservadora, ¿difundo ideología? Demos un paso más. ¿Creéis que cuando muestro mi simpatía por unas posiciones y no otras os estoy adoctrinando? ¿Es un problema que yo sea de izquierdas? ¿Sería un problema que yo fuese comunista?

Dejadme que plantee unas últimas cuestiones. ¿No os propongo yo cada día que seáis autónomos en vuestras posiciones morales y políticas? ¿No os he enseñado a pensar en libertad? ¿No os he enseñado eso? ¿Lo consideráis ideología? Quizá alguno de vosotros considera que no es ese mi papel en la clase, hablar de estos asuntos... *(Nadie responde.)* ¿Por qué no decís nada? *(Nadie responde.)* ¿Alguno de vosotros siente que no puede decir lo que piensa delante de mí? *(Nadie responde.)* ¿Alguno siente eso? *(Nadie responde.)* Pero ¿qué os pasa? ¿De verdad tenéis miedo de decir lo que de verdad pensáis delante de mí? *(Nadie responde.)* ¿Qué es esta distancia enorme?

> *Pausa. Llaman a la puerta. Es* MARTA.

MARTA
¿Puedes salir?

RAÚL
Claro.

MARTA
La inspectora quiere verte.

RAÚL
Iré cuando acabe.

MARTA
Le he dicho que quizá estuvieses en el médico.

RAÚL
No estoy en el médico. Estoy donde tengo que estar, con mis alumnos.

MARTA
De acuerdo. Se lo digo. Te quiere ver en media hora.
Estamos en el despacho.

RAÚL
¿Cuál es la situación?

MARTA
Se está informando.

RAÚL
¿Sobre mi coche?

MARTA
Sí, también. Sabe lo que le pasó a tu coche.

RAÚL
¿Y qué piensa?

MARTA
La situación es complicada.

RAÚL
¿No cree que es un suceso intolerable en un instituto?

Suena un mensaje en el móvil de RAÚL, *que él ojea sin perder el hilo de la conversación.*

MARTA
Lo creemos todos, sí.

RAÚL
¿Ella no?

MARTA
Te digo que sí. También te digo que le parecen intolerables otras cosas.

Raúl
¿Cuáles?

Marta
Ella te lo dirá. Le ha llegado la información sobre el coche, pero también sobre las fotos, los audios y sobre el examen. Ella te dirá lo que le parece intolerable. Yo te recomendaría que fueses humilde y asistieses muy calmado a la reunión para entender bien cuál es la situación, pero es obvio que a mí ya no me escuchas. Te lo digo simplemente por asegurarme de que te lo he advertido. Para quedarme con la conciencia tranquila. Ocurra lo que ocurra a partir de este momento, yo ya solo quiero tener la conciencia tranquila.

Raúl
No me preocupa que me abran expediente.

Marta
Mejor.

Raúl
Soy consciente de que eso es lo que va a suceder.

Marta *distingue bien las señales de inseguridad, sabe perfectamente cuándo una afirmación oculta una pregunta.*

Marta
No lo dudes. Atiende el mensaje.

Marta *hace mutis.* Raúl *tarda unos segundos en reaccionar. Consulta el mensaje que le ha llegado.*

Raúl
Es un mensaje de Eva. No me llama. Me escribe un

whatsapp. *(Lo lee.)* Quiere que quedemos esta tarde. Sin Carlos, ella y yo solos. No especifica con qué objetivo. Me gustaría pensar que será un último intento de arreglar las cosas y no una excusa más para continuar la discusión. Me gustaría pensar lo mismo de mí mismo. No sé qué esperar de mí. No sé si podré contenerme. No sé qué siento. Intento imaginar a Eva al otro lado para que mi corazón me diga la verdad, mi cuerpo. *(Eva aparece al otro lado del escenario.)* Intento imaginar cómo se siente ella. Qué quiere. Intento revivir el vínculo que nos unía, a ver si algo da luz, guía, consejo. *(Pausa. Eva vuelve al oscuro. Silencio.)* Me giro hacia los alumnos, que no se mueven. Salgo de clase.

Escena XV

En un bar. Eva en la puerta. Titubea ligeramente antes de avanzar hacia la mesa de Raúl.

Eva

Hola.

Raúl

Hola. *(Se levanta. Ofrece la silla libre.)* Voy a pedir, ¿qué quieres?

Eva

Agua.

Raúl

Vale.

Eva

Gracias.

RAÚL *se acerca a la barra, deja a* EVA *sola en la mesa. Sola. Después vuelve con un botellín de agua y una cerveza.*

RAÚL
Aquí tienes.

EVA
Gracias.

Pausa.

RAÚL
Bueno...

EVA
Sí...

Pausa.

RAÚL
La verdad es que...

EVA
(Interrumpe.) Déjame hablar primero.

RAÚL
Claro.

EVA *necesita unos segundos para reunir fuerzas.*

EVA
Quiero que sepas que nosotros no subimos nada al grupo de padres. Ni Carlos ni yo hemos subido nada nunca. Nos ha parecido horrible lo que han hecho. Horrible. Hemos pedido a Laura que reúna a los socios del AMPA,

a todos los padres que sea posible para averiguar qué ha pasado, de quién fue la idea. Ha sido algo repugnante.

RAÚL

Muy mala intención.

EVA

Es inadmisible. Quería dejar claro este asunto antes de hablar de otras cosas.

RAÚL

Gracias.

EVA

Sí.

RAÚL

Te agradezco que me lo digas.

EVA

Todo lo que sucede en un entorno virtual es inmanejable. Saca lo peor de nosotros.

RAÚL

Y te pido perdón por el audio.

EVA

No quiero hablar del audio, Raúl.

RAÚL

Ya me ima…

EVA

(Muy cortante.) No quiero hablar del audio.

RAÚL
 Te estoy pidiendo perdón.

EVA
 Te lo agradezco.

RAÚL
 Bueno.

 Silencio.

EVA
 Somos amigos desde la infancia, a mí esto me está matando. Y supongo que a ti también. Me supera esta situación. Me duele muchísimo.

RAÚL
 Ya.

EVA
 No sé cómo hemos llegado hasta aquí.

RAÚL
 Yo tampoco.

 EVA *bebe con cierta dificultad.* RAÚL *bebe cuando ella ha acabado ya. Lo hace de modo más lento y controlado, pero el resultado es similar.*

EVA
 Ya nos hemos hecho daño. Eso no se va a poder arreglar. Carlos y yo nos sentimos muy heridos. Y seguro que tú también. *(*RAÚL *no muestra reacción.)* Todo lo que podemos hacer es acordar un final digno. Digno de la amistad que tuvimos. Digno de nosotros tres. Y después esperar

que el tiempo pase y ablande el dolor que nos vamos a llevar de esto. (RAÚL *sigue sin reaccionar.*) La otra opción es destrozarnos.

Silencio. Largo. Rasposo.

RAÚL
Es todo muy difícil de comprender.

EVA
Sí.

RAÚL
Haber llegado a este punto.

EVA
Sí. (*Silencio.*) Tiene que haber una solución. Algo intermedio que no suponga una humillación, pero que permita seguir adelante. Es a lo que podemos aspirar, un arreglo de mínimos. Es imposible que todos ganemos en esta situación, Raúl, vamos a llegar a un acuerdo. Vamos a solucionarlo. Por favor.

RAÚL
Tú no eras como Carlos.

EVA
Raúl…

RAÚL
No eras como él.

EVA
Estoy aquí para intentar una solución.

RAÚL
Tú y yo éramos… *(Intenta acariciar la mano de* EVA, *pero ella se aparta.)* ¿Qué ha pasado en estos años?

EVA
Que hemos crecido.

RAÚL
No sé qué quieres decir.

EVA
Que tenemos responsabilidades, no solo opiniones.

RAÚL
¿Qué significa eso?

EVA
Que tenemos que pensar bien las cosas.

RAÚL
Hacernos conservadores.

EVA
Raúl, de verdad…

RAÚL
Hacernos pragmáticos, transigir con la indignidad.

EVA
No sé de qué indignidad hablas, yo no transijo con la indignidad. Que consideres mis decisiones indignas es tan poco importante como que yo considere indignas las tuyas.

RAÚL
Pero hay hechos.

EVA
¿Qué hechos?

RAÚL
Los hechos son objetivos. No son razones ni opiniones.

EVA
¿De qué estás hablando?

RAÚL
De que Álvaro ha copiado.

EVA
No podemos volver sobre esta conversación, no estoy aquí para eso, Raúl.

RAÚL
Estamos aquí para decirnos la verdad.

EVA
No, no esa verdad.

RAÚL
Sí, Eva, la verdad. Porque tú y yo nos escuchamos, nos perdonamos, podemos decirnos la verdad sin ofendernos.

EVA
Esa verdad en concreto no me interesa, Raúl.

RAÚL
¿Cómo que no?

EVA
No sirve para nada.

RAÚL
¡Cómo que no! ¿Qué verdad te interesa entonces? ¿Para qué estás aquí? ¿Para qué me has llamado?

EVA
Raúl, mírame, soy yo. Soy Eva. Paremos esto, por favor.

RAÚL
¿Como si no hubiese pasado nada?

Silencio. EVA *bebe otro sorbo. Más silencio. Ninguno habla, ninguno es capaz. El silencio comienza a durar mucho más de lo esperado, se hace imprudente, se llena de contención tensa, ropa, cucharillas, cristal, un carraspeo porque se atraganta la propia saliva.*

EVA
La verdad es que no me duele tanto descubrir que yo no soy especialmente importante para ti...

RAÚL
¿Qué dices?

EVA
... como descubrir que consideras mucho, mucho más importante tu ego. La verdad es que nosotros pensamos que eres un buen profesor.

RAÚL
Un buen profesor...

EVA
Y un amigo horrible.

EVA *se levanta de la mesa.* RAÚL *intenta detenerla.*

RAÚL

Eva...

EVA

(Grita.) ¡No me toques! *(Se recompone.)* Te hemos puesto una denuncia, Raúl. Por el audio. Hemos puesto una denuncia en la policía.

RAÚL

¿Qué?

EVA

No te la ha puesto Carlos, te la he puesto yo. Para que no tengas dudas sobre las intenciones ni excusa acerca de tu posición. Te la he puesto porque ya sabía que no ibas a ceder. Sabía que no me ibas a dar ni una oportunidad. Aunque hayamos sido amigos toda la vida. Te la he puesto porque yo sí quiero a Carlos. Y uno protege a quien ama.

En el silencio que sigue cabe todo lo que suele caber en los dolores sordos y afilados. Cabe también la duda de que se trate en realidad de una confesión acerca del maldito examen. E incluso la despedida de un amor imposible. Cabe todo en los silencios que siguen a proteger a quien uno ama.

EVA

No sabes cuánto siento no haber sido capaz de parar esto de otro modo. Te deseo mucha suerte.

EVA sale del bar. RAÚL permanece sentado, esperando que sus cuerpo reaccione. El bullicio de los clientes y la calle barre la escena como desdibuja el mar cualquier marca en la orilla.

Escena XVI

RAÚL

(A público.) Siempre había pensado que el desinterés de la sociedad acerca de la educación o la banalidad de la Administración me harían dejar el instituto. La futilidad de los informes, la nadería de las evaluaciones, las memorias y análisis, los requerimientos absurdos sin otra finalidad que el proceso mismo. O, en general, la desaparición del interés por la cultura y su legado. La desaparición de cualquier interés que no sea el presente absoluto, plano, sin dimensiones. La escuela convertida en pasatiempo. Siempre pensé que esas serían las razones. No se me había ocurrido otra posibilidad. (Pausa.) Renuncié a ser profesor. Después del segundo requerimiento de la inspectora, algo que no llegué a entender acerca de un alumno con un supuesto déficit de atención, renuncié. No quise admitir la falsa baja por depresión que me sugirieron porque me obligaba a seguir con el desarrollo del expediente. Me negué a recibir ningún otro requerimiento de nadie. Renuncié a mi plaza, a mi puesto de trabajo. No sé si la renuncia impidió o no el desarrollo del expediente en mi contra, nunca me quedé para preguntarlo. Si alguien quiso algo de mí, no me encontró.

MARTA
Te equivocaste.

RAÚL
Eso me dicen.

Estamos en un centro comercial. MARTA *acaba de comprar, Lleva alguna bolsa de tiendas de ropa. De fondo suena hilo musical y alguna oferta difusa.*

135

MARTA
Te equivocaste.

RAÚL
Bueno, lo veremos. Necesitamos perspectiva histórica.

MARTA
Han pasado dos años.

RAÚL
Más histórica, mucho más histórica...

MARTA
Me da lástima que no quisieses aclarar la situación, defenderte.

RAÚL
No admito la necesidad de defenderme.

MARTA
Por supuesto.

RAÚL
Por supuesto.

MARTA
¿La denuncia de los padres?

RAÚL
Nunca me llegó. Ese tipo de denuncias no se admiten a trámite.

MARTA
O los padres te querían más de lo que crees.

RAÚL
Estoy convencido de que me quieren.

MARTA
¿Qué tal te va?

RAÚL
Bien, bien. De rebajas.

MARTA
No has comprado nada.

RAÚL
Es un paseo folclórico. Nunca compro nada. Es folclore.

MARTA
Aprovecha, en el folclor hay buenos precios.

RAÚL
Seguro que sí.

MARTA
¿Cómo te va lo demás?

RAÚL
Bien, me va bien.

MARTA
Me han contado que has vuelto al teatro.

RAÚL
Sí, tengo querencia por la ruina económica.

MARTA
Seguro que te va bien.

Raúl

Estoy en la edad buena de los reyes, los inspectores de policía, los padres, los malvados y todos los personajes desagradables de la literatura. Los profesores, también. *(A Marta le hace gracia esto.)* Mi edad proporciona buenos personajes.

Marta

Eres muy buen actor. En las funciones del instituto...

Raúl

(Interrumpe.) Soy muy buen actor de funciones de instituto, sí. Convendría que fuese igual de bueno en las de fuera. La vida real está fuera, me temo. Fuera del instituto. La verdad está fuera.

Marta

(Cuestionando la exageración.) Bueno. Hay poca verdad en cualquier sitio.

Raúl

También es cierto. Reflejo de la infraestructura.

Marta

En términos marxistas.

Raúl

Exacto. Para confirmar la famosa foto de la fiesta del PC.

Marta

Ni me lo recuerdes.

Raúl

No te la recuerdo entonces. Olvida la foto de la fiesta del partido comunista. No recuerdes esa foto.

Ríen.

MARTA
Me río.

RAÚL
Qué bien.

MARTA
Pero qué pena. *(Ríen.)* Qué pena todo.

Y ríen más.

RAÚL
Fui injusto contigo.

MARTA
Ninguno afinó demasiado.

RAÚL
Tú, sí afinaste. Te pido perdón.

MARTA
Uy, aquí en medio del folclor, con estas bolsas.

RAÚL
Mejor aquí para que no coja importancia la escena.

MARTA
De rebajas.

RAÚL
Mucho mejor en las rebajas. Abajo es donde se ponen los pies, bien abajo.

Ríen.

Marta
No sabes cuánto echo de menos tu humor. Y el humor, en general.

Raúl
¿Estáis bien en el instituto?

Marta
Bueno, seguimos sin demasiado rumbo. Surfeamos los incontables reglamentos nuevos, las recomendaciones... Como siempre, en realidad. Surfeamos.

Raúl
¿Sabes que Álvaro me escribió?

Marta
¡Álvaro!

Raúl
Un mail. Me escribió el chaval, no los padres. El chico me escribió.

Marta
¿Cuándo?

Raúl
Hace un mes o así.

Marta
No me lo esperaba.

Raúl
Ni yo. Sorpresas de las rebajas.

Marta
Desde luego.

RAÚL
Al parecer está estudiando Administración de Empresas.

MARTA
Muy propio.

RAÚL
Le va bien, está contento.

MARTA
Muy considerado escribirte para contar que estudia Administración de Empresas.

RAÚL
Me escribió para pedirme perdón por lo que sucedió.

MARTA
Ah.

RAÚL
Y para decirme de nuevo que el examen no lo había copiado.

MARTA
Aunque tú no lo creas.

RAÚL
¿Para qué escribes un mail pidiendo disculpas?

MARTA
Para librarte del sentimiento de culpa.

RAÚL
¿Respecto a mi renuncia o a su examen?

MARTA
¿Has hablado con Eva últimamente?

RAÚL
No.

MARTA
No la has llamado.

RAÚL
No.

MARTA
Preferirías llamar a Carlos.

RAÚL
Sí, sí, es lo que más me apetece.

Ríen. Pausa.

MARTA
El problema fue no descubrir al chico…

RAÚL
Está claro, Marta, no merece la pena hablar del asunto.
Solo quería comentar la anécdota.

MARTA
Era una situación muy difícil.

RAÚL
Está claro. No importa. Ha pasado lo que tenía que pasar.

MARTA
¿Sí?

RAÚL

Claro. Tú me lo dijiste. Tú sabías cómo iba a acabar todo esto.

MARTA

No sabía que ibas a dejarlo.

RAÚL

Bueno.

MARTA

Ni se me pasó por la cabeza la posibilidad.

RAÚL

Bueno. Si ha sucedido es que era la mejor posibilidad. Vivimos en el mejor mundo posible.

MARTA

Leibniz.

RAÚL

Lo dijo Leibniz y lo digo yo.

MARTA

Pero tú no crees en Dios, como Leibniz.

RAÚL

Es el mejor mundo en todo caso.

MARTA

Me alegro de que lo pienses.

RAÚL

La alternativa habría sido peor. Menos digna.

MARTA

¿La dignidad te da para ir de cervezas?

RAÚL

De vez en cuando.

MARTA

¿Y en este momento?

RAÚL

El mejor mundo posible.

Final.